LOCUS

LOCUS

LOCUS

LOCUS

mark

這個系列標記的是一些人、一些事件與活動。

mark 195
在愛之中告別：一段愛與失去的旅程
作者：艾美・布魯姆（Amy Bloom）
譯者：謝佩妏
責任編輯：潘乃慧
封面設計：許慈力
校對：呂佳真
出版者：大塊文化出版股份有限公司
105022台北市松山區南京東路四段25號11樓
www.locuspublishing.com
讀者服務專線：0800-006689
TEL：(02)87123898 FAX：(02)87123897
郵撥帳號：18955675 戶名：大塊文化出版股份有限公司
印務統籌：大製造股份有限公司
法律顧問：董安丹律師、顧慕堯律師

總經銷：大和書報圖書股份有限公司
地址：新北市新莊區五工五路2號
TEL：(02) 89902588 FAX：(02) 22901658
初版一刷：2024年8月
定價：新台幣360元
Printed in Taiwan

在愛之中告別

In Love

A Memoir of
Love and Loss

一段愛與失去的旅程

Amy Bloom 艾美．布魯姆——著　謝佩妏——譯

獻給布萊恩

目次

在愛之中告別：一段愛與失去的旅程

「請把這一切寫下來。」我丈夫說。

第一部

二〇二〇年一月二十六日星期日，瑞士蘇黎世

我跟布萊恩都愛旅行。我們自己開車、坐火車、搭遊輪、乘飛機去過很多地方，但這趟蘇黎世之旅對我們來說，是前所未有而且非同尋常的旅程。各種旅行我們都喜歡，連大部分的購物行程也是。這趟去蘇黎世的配備，跟我們過去的旅程比起來一樣也不少，卻跟以往的旅程截然不同。一如往常，我們利用機場接送服務搭車到機場，這樣才能一路優雅又從容，也能省掉找車位搬行李那段折騰。再說我們兩個人方向感都很差，早在布萊恩得到阿茲海默症之前，每次交通接駁都得因此多花二十分鐘。飛機六點起飛，到了機場我們先去餐廳吃飯。後來，我買了一條口紅和一小瓶護手霜；布萊恩買了些糖果。我們還買了口香糖和一瓶水一起分享。

上了飛機，找到位子入座，空服員對我們的關照，都讓我們樂在其中。布萊恩知道自己塊頭大，刻意小心避免動作太大，打翻別人的飲料，而且他對每個瑞士航空人員都表達了感謝，因此空服員已經對我們留下好印象。我們看起來像是不會半夜吵著要喝酒或多來點花生的乘客。沒人比每次都搭經濟艙的人更愛商務艙。

從登機的那一刻起，我們就笑容滿面。我安頓好我們兩人的座位；我們對空服員必恭必敬。一看就知道我們感情融洽，很開心能一同旅行。飲料一送上來（還是用玻璃杯盛裝的！），我們就舉杯敬我的姊姊和姊夫，是他們贊助我們這趟坐商務艙的蘇黎世之旅。

我們要去的地方是「尊嚴」（Dignitas）位於蘇黎世的辦公室。這家瑞士的非營利機構提供「陪伴自殺」（accompanied suicide）的服務。過去二十二年來，如果你是個想要結束生命卻又無法證明自己罹患絕症、只剩六個月可活的美國公民，這就是你唯一能求助的地方。美國目前的規定就是如此，即使是擁有「死亡權」的九個州加上華盛頓特區也不例外。許多上了年紀或長期跟病痛奮戰的人，對這些地方懷有終結生命的幻想，我也在布萊恩的吩咐下做了調查。最後我們發現，全世界唯一提供毫無痛苦、平靜且合法的自殺服務的地方，只有位在蘇黎世郊區的這個組織。

看過第二次神經科醫師之後，我姊就跟我一起掉眼淚。醫生花不到一小時就為布萊恩做了心智狀態檢查，並告訴我們布萊恩幾乎肯定得了阿茲海默症，而且以他的高智商、顯得吃力的平衡感和本體感覺（譯註：身體感知動作、姿勢和身體各部位的能力），還有檢查時表現不佳來判斷，他可能已經發病多年。不到一個禮拜，布萊恩就決定，阿茲海默症的「漫長的告別」並不適合他。我也花不到一個禮拜，就在一長串google搜尋結果中發現了「尊嚴」。我姊姊艾倫很愛我也愛布萊恩，從夏天到冬天，她盡她所能不給建議；不說「要是……就好了」的話；不說布萊恩的狀況或許沒那麼糟，或者可能不會很快惡化；不在我沒哭的時候哭泣；不對別人傾訴失去她心愛的人，以及相處融洽的四人組的傷心難過（十四年前他們第一次見面時，布萊恩走進艾倫的廚房，展現他迷人討喜的姿態，開門見山就說：「我真的很愛你妹妹。」我姊沒轉過頭，直接撂下一句：「你敢傷她的心，我就殺了你。」）。十二月時，我們已經確定清除了前往「尊嚴」的種種障礙。某天一大早，艾倫打電話問我：「直接告訴我你們需要什麼。」我勉為其難地說：「兩萬美金。」而我姊說：「這裡有張三萬美金的支票。」後來，我們把這筆錢花在布萊恩的最後兩趟大型釣魚之旅、我們兩個無業遊民的生活開銷，還有頻繁的外食，有時午餐和晚餐都到紐哈芬最高級的餐廳用餐，最後花到一毛也不剩。此外，還有我們最後一次一起慶生；在蘇黎世的五星級飯店住四晚，加上汽車接送服務、在蘇黎世的觀光遊覽；我朋友飛來蘇黎世，陪我搭飛機回家的機票；以及所有能幫助我熬過那痛苦的幾個月的事，外加付給「尊嚴」的費用（全部加起來大概一萬美金）。

在瑞航的獨立座艙裡，布萊恩跟我互敬對方，有點遲疑地說了聲「敬你」，而不像平常說 Cent'anni（很義大利式的敬酒，意思是「長命百歲」或「百年好合」）。我們之間已經沒有百年，甚至連十三週年結婚紀念日都到不了。

我們傾身靠向對方又縮回座位，兩人都忙著擺弄自己的鞋子和隨身行李，還有打開航空公司送的小禮品袋，拿出裡頭的襪子（正好）、眼罩（從沒用過）、小牙膏和小牙刷，固執地相信孫女們會喜歡這些東西，其實她們從來不喜歡。

一切幾乎跟平常差不多，就像這幾年我們做過的許多事，例如這趟飛行本身，還有之前的所有一切——前往機場的路、安全檢查（快速安檢時，看著左手邊要脫鞋的隊伍比我們的隊伍長很多，就會有種小確幸）、在約翰甘迺迪國際機場吃了很不錯的一餐。一切看似正常，除了至今我仍記得三年前跟現在有多麼不同。那時候跟布萊恩一起出門，我不會從他走去書報攤到回來都緊張得不敢呼吸。從外表看來——或者應該說從某種內在來看（那個我也不記得以前我們實際上如何生活的內在），一切幾乎正常。

這次去約翰甘迺迪國際機場，我們沒請阿諾來載；之前一向是他開我們的車載我們去機場，之後再把車開回我們家。阿諾開車載我們、我們的小孩和孫女們已有六年時間。他跟我們分享生活大小事，包括他對摩托車的熱愛、他戒酒的經驗、他太太的健康問題等等。我想是為了取得某種平衡，跟他想不想無關，以免都是單方面聽我們說。我不忍心對阿諾說謊，但也沒有勇氣說實話，告訴他我們要去哪裡，更想不出什麼似是而非的理由（真正的騙子最愛玩的把戲），解釋我們為什麼要在一月底飛去蘇黎世。去滑雪？冰釣？看蘇黎世聖母大教堂的夏卡爾彩繪玻璃窗？我很怕阿諾會從後視鏡用同情的眼神看著我們，這樣我會承受不了；一來怕傷了布萊恩的自尊，二來我本來就很多愁善感。此外，我雖然受不了鐵石心腸，但也不覺得自己能忍受他人的親切慰問。總之，我什麼情緒都不想要，能冷冷淡淡隔絕一切最好，而這就是當地轎車接送服務的司機面對我們的態度。兩個半小時的車程當中，他只開口說過一次話。正合我意。

到了機場，我們站在第四航廈的中間選了一家餐廳，比Shake Shack漢堡店好（這家我喜歡，但布萊恩不愛），可是沒有棕櫚牛排館那麼高檔，因為棕櫚的價位高得誇張。寫到這裡，我想起我們後來還是去吃了棕櫚，畢竟……你知道。

布萊恩點了他想吃的所有餐點。在我看來，是任何人到甘迺迪國際機場的棕櫚牛排館都能想像自己會點的東西，冰鎮伏特加除外。這一年來，他不時就會說想喝喝看。

布萊恩在棕櫚點了洋蔥圈、兩分熟的肋眼排，搭配馬鈴薯煎餅、凱薩沙拉，還有香蒜麵包。本來他還要點鮮蝦雞尾酒盅，只是我在一旁碎念，愈來愈像一九五三年前後猶太妻子的刻板形象，就差頭上沒頂著自己在家燙的鬈髮，腰上沒繫條荷葉邊圍裙。「你確定？在機場的牛排館點蝦子？」布萊恩聳聳肩說：「反正我也沒特別想在機場吃蝦子。不過話說回來，最糟又能怎樣？也許我嘗了一口，覺得不怎麼樣就不碰了，白白浪費了錢，但那又如何？也有可能我吃到不新鮮的蝦子而**丟了性命**，那不就替我們省去很多麻煩？或是我食物中毒，結果錯過了班機。」說到這裡他摺起菜單，用他現在常看我的眼神看著我——無奈的接受、疲憊，以及些許老掉牙的幽默。

整頓飯我從頭哭到尾，布萊恩不時拍拍我的手。但我的眼淚還是流個不停，因為我愛他和他的好胃口，以及伴隨這一切而來的感官享受、開心雀躍，還有對生命熱力的追求。

抱歉，我沒接到你的電話

二〇〇七年有一小段時間，我跟布萊恩一個在東岸，一個在西岸。我在洛杉磯製作某個短命的電視節目。每隔兩週，星期五他一下班就會從哈特福飛來找我，先在我的辦公室小睡一下，醒來再跟我和還沒走的人一起吃晚餐。他讀了很多每週節目的草稿，可以的話也會去看拍攝場景。他會找個角落，坐下來記錄服裝、妝容、彩排、小爭執等等所有的一切。拍攝節目中所有超現實和複雜的部分，他都很著迷。有個週末，布萊恩很早就起床出門，帶了一艘充氣艇回來。他叫我做些三明治，然後開車載著我直奔伯本克的拍攝場地。到了那裡，他先去找警衛攀談，之後警衛便揮揮手放我們進去。我們在一個真正的泳池裡消磨了大半天，吃了一頓真正的午餐，賴在這個美麗而虛假的世界裡曬太陽。離開時，布萊恩給了那個警衛一瓶他特別為他泡在泳池裡保持清涼的白酒。

兩年前，我把新完成的劇本拿給布萊恩看，但我的丈夫、我的啦啦隊、電視兒童、劇本狂人，甚至有點希望我們住在洛杉磯靠近好萊塢的銀湖社區，而不是康乃狄克州石溪村的男人，竟然沒打開來讀。我們在一起的這些年，布萊恩讀過我寫的所有東西，而且都在我完成後幾天就開始讀。一個禮拜後，我問他電視劇本的事，布萊恩說他還沒開始看。他聽起來有點困惑，幾個禮拜過去了，他還是沒提起劇本的事。後來，我鼓起勇氣又問他一次，他說那個格式很難讀，回答時興趣缺缺也毫不困窘。劇本就這樣一直擱在臥室地板上，直到我把它拿回辦公室。

二〇二〇年一月二十六日星期日，蘇黎世

我們在約翰甘迺迪國際機場吃了豐盛的一餐，也給了豐厚的小費。吃完飯，我們走去貴賓室休息。瑞航貴賓室暫時搬到很遠的阿聯酋航空的貴賓室。那裡的櫃台女職員眼明手快，面對布萊恩唯唯諾諾，低聲下氣（一再把頭壓低），卻從沒正眼瞧我，笑容也很冷淡。我遞上了機票，也遞上了護照，儘管如此，在那裡站得愈久，布萊恩就得到愈來愈多「阿梅奇先生還需要什麼服務？」的關照。類似的服務，我卻一項都沒得到。布萊恩並不介意，我甚至也不介意。這就是父權，而旁邊是我一表人才的丈夫，我又能如何呢？

貴賓室很乾淨，供應許多水果和各式各樣的自助餐點，舉凡傳統中東菜、義式、

法式料理都有，還有一個熱鬧的酒吧。我們找到位置之後，布萊恩隨手抓了一大顆炸鷹嘴豆丸子。這當然不能算是偷，不過旁邊就有供應夾子、小叉子、小盤子和相稱的三層餐巾紙，所以直接伸手從一大盤炸丸子裡抓起一顆，我認為很不禮貌。布萊恩才不在乎禮不禮貌；這不是阿茲海默症造成的，他一向這麼率性。

我們各自有一些他人看了會覺得有點訝異的行徑。在家裡，我會穿睡衣去外頭拿報紙。我所謂的「睡衣」是指破爛的T恤和從大學穿到現在的四角內褲，而不是成套的粉紅色鑲邊漂亮睡衣。我們有鄰居，他們看得到我，也真的看到我了，但我不在乎。布萊恩對我這種行為一向驚愕無比。他認為這樣很粗俗又邋遢，儘管他永遠不會這樣說我（看過神經科醫師之後，他說：「何必把人搞糊塗呢？何必讓他們以為這個家有**兩個**人得了阿茲海默症？」我們都笑了，但星期天早上我還是照樣衝出門拿報紙）。我女兒是心理學家，她說我們都有些微反社會人格的跡象，這點我並不反對。

布萊恩在貴賓室四下搜尋，最後找到兩張他滿意的扶手椅，然後埋首看起《紐約時報》和《泰晤士報》。我再也不知道看報對他的意義何在。他會看政治版和一點點體育新聞（讀耶魯時他踢過橄欖球，不過現在拒看大學橄欖球，因為他對於他們疏於照顧球員感到失望，但還是會留意一下哪隊在幹嘛）。一些房地產、建築業或設計圈的趣聞以前還會引起他的注意，畢竟他當了四十年的建築師，但現在他不再發表自己的看法。以前他會一口氣讀好幾段他感興趣的報導給我聽，甚至喜歡一邊開車，一邊聽我念文章。他總是嫌我念得不夠大聲，但有一次，我們特地跑到康乃狄克州的另一頭找一間奇妙的五星級烤肉餐廳，途中我差點把整份《星期日評論》給念完。念到最後一篇專欄時，我的舌頭有點打結，他說：「親愛的，來個鏗鏘有力的結尾吧！」

布萊恩把報紙摺起來以便帶上飛機，但後來想想又算了。從我們認識以來，他對於規畫事情、照顧自己的需求、幾近囤積他喜歡的東西這些事，就有一整套自己的方法。四月到十一月這段期間，他開車至少會在後車廂帶一支小支的釣竿和一些飛蠅餌。走出餐廳，他一定會抓一大把薄荷糖，之後放進床頭櫃、糖果罐或車上的置物箱。但這趟旅行他不再做這些事。我給了他一疊瑞士法朗。他知道自己的藥物和那一小瓶威而鋼放在哪裡。他沒帶的東西就表示他不需要。而我沒帶的東西，就表示不重要。

我們拿走瑞航送的每一樣小贈品，不為什麼，而且一直帶著隨身行李。我堅持不帶正式的行李箱，我可不要拖著一大箱塞滿他再也不會穿的衣服和再也不會吃的藥回家。打包的時候，布萊恩抓起一瓶十顆裝的威而鋼朝我丟過來，很像在丟沙鈴，然後說：「這個可值錢了。」

我不要把他的衣服捐給瑞士的慈善機構，也不要把他的藥物留給清潔人員處理。基本上，我就是不要處理「之後」的事。等到布萊恩停止呼吸，而我必須離他而去時，我的目標是跟一位自告奮勇前來陪我回家的朋友坐上飛機。我女兒莎拉會來機場接機，我的另一個女兒凱特琳會到家裡跟我們會合；之後她們兩人會跟我道晚安，我幻想自己就此倒頭大睡兩個禮拜。實際情況完全不是這麼回事。這趟旅行，我們帶了最破舊的手提袋，還有之前布萊恩出差過夜會帶的黑色公事包。我跟布萊恩都不喜歡把好好的行李箱給丟掉。我們或許有反社會人格，喜歡揮霍，卻不是可以把幾乎沒用過、仍完好如新、價值兩百五十美金的行李箱隨隨便便丟掉的人。

讀書會兄弟

二〇一四年，我們搬去康乃狄克州的一個小村子之後，布萊恩受邀參加一個男性讀書會。一開始他有點猶豫不決，因為他們似乎偏愛非小說，而他不怎麼愛讀非小說，但他很高興能夠受邀，於是都定期參加。每次輪到他推薦書，他都會選擇小說。他們問他為什麼想來參加讀書會，他說：「我喜歡讀好書，也喜歡與人親近往來。」看到他們一臉震驚，他很得意，覺得自己的自我介紹恰到好處。週末他偶爾會跟讀書會的某個成員去喝咖啡。他說讀書會的書通常都太簡單（「不知道耶，那本書說的是一匹馬克服了種種障礙」）或是太多愁善感（「一支奧運划船隊最後拿下了勝利」），但他喜歡這個小團體，還有會前、會後跟大家閒聊的時光。只是從兩年前開始，幾乎有關讀書會的一切都會惹毛他。

每次電子信寄來，我會聽到他開始發牢騷，比方時間太常改來改去；他搞不清楚讀書會在誰家舉辦，而且他們覺得現在他應該已經知道誰住在哪裡，就沒有每次都附上住址。有天晚上他去參加讀書會，才發現自己記錯時間，但他覺得無所謂，因為幾個月前有個「讀書會兄弟」也提早一個禮拜出現在我們家。布萊恩告訴我，有個跟他很契合、兩年前還一起吃過午餐的讀書會成員要搬去別的地方。我鼓勵他打電話再約他吃一次午餐，但他說太遲了，對方已經搬走。有一天，我看了布萊恩的手機（這兩年我常不知不覺拿起他的手機來看，卻假裝自己沒有），結果發現我以為已經搬走的那個人寄電子信來推銷他希望大家看的書。他的新家只比舊家多十分鐘的路程，所以他在讀書會依然很活躍。

今年秋天，布萊恩拿到讀書會要讀的書（意思是我去對街的圖書館幫他取書），還興奮地跟我聊起這本書。但我發現上面的書籤不但沒有前進，反而每隔幾天就會退回到前十頁。後來他再也沒有去參加讀書會，那本書也在他的床頭櫃上擱了好幾個月，即使我們在為蘇黎世之行打包時，也還在那裡。因為就算他看見也不以為意，或者他根本忘了書的存在；至於我，我完全沒有勇氣去碰它，甚至提起它。

二〇二〇年一月二十七日星期一，蘇黎世

飛機在蘇黎世降落，飯店專車把我們載回隨處可見鋪石路的舊城區，入住美輪美奐的飯店。這座城市比我們想像中還來得溫暖，天空飄著毛毛雨。我們住的威德飯店是一排老建築組成的高級飯店，藉由位置奇特的電梯和走廊相互連通。那是我們度假時可能會選擇的飯店，儘管我們兩個從沒想過要來蘇黎世。我們經過的每家餐廳都坐滿兩人一組的客人，其中多半一看就知道是白人直男的組合，有時還會看到四人組，穿著打扮有點正式又不會太正式。偶爾會看到六十好幾的商業人士，跟身穿絲綢迷你裙、腳踩綁帶細跟涼鞋（鋪石路耶，我的天啊）的年輕辣妹走在一起。這一年來，布萊恩的本體感覺經常出問題，例如不小心割傷手、在門廊上滑倒、從野餐長凳上往後

摔。現在來到陌生的城市，我又擔心他走在舊城區濕答答的鋪石路上會滑倒，導致我們去不了「尊嚴」，所以鋪石路和相關的話題一路上在我心中形成很大的陰影。

站在飯店櫃台前，我感到不安且格格不入。布萊恩在大廳裡走來走去，進進出出。看到他從大廳盡頭的雙開式旋轉門走出來時，我正在找我們的護照，那一刻我的腸胃一緊，每次他離開我的視線就會這樣。幾分鐘後他走回來時，我已經恢復鎮定。每次櫃台人員問我問題，我都像個嫌疑犯一樣支支吾吾。我們來這裡的目的？我們想要一份車站大街所有商店（Gucci、Fendi、Hublot、Cartier）的地圖嗎？可以帶我們參觀酒吧和圖書室嗎？我想跟布萊恩說，這裡有點讓我想起我們喜歡的那間阿姆斯特丹的飯店，但我怕他已經記不得那趟旅行和那間飯店。我也怕他其實不記得卻又假裝記得，那樣我就不知道他到底記不記得，那樣感覺很糟。但要是我知道他不記得了，也不會比較好，所以最後我什麼都沒說，這已經成為我現在大多數時候的選擇。進了房間，我們兩人都累壞了。

房間以飯店來說舒適又漂亮，有大片的落地窗，可以看到底下的麵包店和珠寶店

（布萊恩鼓勵我進去看看，裡頭的首飾很美，他為我挑了一枚他覺得我會喜歡的戒指；我確實很喜歡，所以我們兩人都很開心。過去三年他送過我一些真的有夠醜的首飾，跟我的品味實在差太多，要是換成別人，我會以為他在西城區藏了個走七〇年代波西米亞風、一窮二白的情婦，不小心把買給她的琺瑯銅耳環和手鐲拿來送我。蘇黎世的戒指很美，每一枚都量身訂做，上面鑲了金箔和小巧的藍蛋白石，有如一小片夜色，一枚一萬美金。我跟布萊恩禮貌地笑了笑，然後走了出去。他說：「我想要送妳東西……」我知道他指的是我一看到就會想起他的東西。這是我們星期四之前最後一次一起落淚）。

雖然在下雨，但情侶雙雙對對踱進酒吧和角落那間很大的老派茶館。我猜，我們看起來就像來度假的遊客。

回到房間，我們在大片落地窗前站了幾分鐘。我口中又嘗到近乎平常的那股金屬味。但倘若真是如此，我們就會打開行李，然後去沖個澡。應該說布萊恩會打開行李，我會東摸西摸，然後再去沖個澡，但願他會替我打開行李，只是我很少如願。之後我們會上床小睡或做愛（他一向帶很多威而鋼；這個男人囤積威而鋼跟我媽囤積罐頭簡直一個樣——都是為了**以防萬一**），或是匆匆跑出門。要是在巴黎，我們應該會去那家摩洛哥餐廳，主廚一聽到布萊恩的聲音就會跑出來跟我們打招呼（我們第一次去的時候，布萊恩點了一大桌的菜，主廚跑出來查看時非常驚訝。「你們只有兩個人？」他哈哈笑，然後又端來兩個小塔吉鍋，因為布萊恩還沒嘗過羊肉或鴿肉）。或是在倫敦那家龐克風理髮店，每次我們都是一下飛機就直接提著行李去報到。那間小店為布萊恩剪了他這輩子最成功的髮型，走出店門時我們都很亢奮。然而這一次，我們兩人望著窗外嘆息。脫了衣服，我們鑽進被窩，布萊恩睡了幾個小時。

有時我會憂心地想，一個更好的（肯定跟我截然不同的）妻子應該會一口拒絕，堅持不讓丈夫在身體衰頹之前離開人世。儘管我覺得支持布萊恩的決定是件正確的事，但要是他可以自己安排所有的事，我只要當一隻順從的小鴨，跟在他後面，我心裡應該會比較好過，過程也比較輕鬆。當然了，要是他可以自己安排所有的事，那他就沒有阿茲海默症了。而如果他想自己安排所有事，他就不是布萊恩了。醒來打開行李時，我的腦袋就這樣一直繞圈圈。

我想起耳聰目明的蘇西・張，那位替我解讀塔羅牌的老師（如果你認為從塔羅牌中尋找慰藉很可笑，我也無可辯駁）。她用烏鴉塔羅牌幫我看看未來可能會發生什麼事，還有我可能會想減輕的傷害。我的女兒們在牌中反覆出現，有時是兩隻烏鴉，有時是兩隻獅子，或是我面前的兩面盾牌。同樣地，要是你覺得這些東西蠢到極點，我也不反對。出發前，我又算了最後一次塔羅牌。翻開戰車牌時，我跟蘇西看見角落有一隻小螃蟹。「這張是妳的牌，」蘇西・張說：「妳必須駕駛這輛戰車，妳必須披著硬殼駕駛這輛車，不然它會把妳壓在輪子底下。」她還說：「要到事情結束，妳才能放手。」我發出「我知道我知道」的聲音。她敲敲牌，然後說：「要是妳放開韁繩，車子會把妳壓垮。」我淚流滿面。大多數時候，我確實覺得自己就像那隻小螃蟹，披著盔甲卻又脆弱無比。

這趟蘇黎世之行，我只帶了洗到褪色的黑灰兩色衣服，還有換洗的內衣褲。即使我母親會叫我們做事要多花心思，但這次我並不打算多花心思在打扮上。而我倒是用心想過，我們在蘇黎世要找些什麼「樂子」。在家時，我們開心列出一長串清單，包括去蘇黎世最好的餐廳大快朵頤。最後我們去看了夏卡爾的彩繪玻璃窗，到車站大街走了幾趟，還去了蘇黎世湖（導遊說，那裡是搖滾女王蒂娜．透娜的家，我們朝它揮了揮手。她跟瑞士丈夫的婚姻似乎相當幸福美滿，我為她感到高興），還有湖畔一家不錯的義大利餐廳。整趟旅行，我可以只穿瑜伽褲配一件被蟲蛀過的開襟羊毛衫。如今我們到了這裡，努力振作起來下樓吃晚餐。而我心想，如果我們明天能下樓吃早餐，對櫃台人員微笑，參加已經訂好的蘇黎世湖遊覽，去參觀有名的夏卡爾彩繪玻璃窗（因為畫彩繪玻璃是布萊恩的嗜好之一），我們就算圓滿達成任務——而且填滿星期一到星期四早上的空檔。

第一天晚上，我們確實打起精神，下樓走進威德飯店內的米其林星級餐廳用餐，但兩個人都被搞糊塗了。餐廳不提供水也不提供麵包。服務生比較像是努力要把論文寫完的學生，巴不得我們快點離開他的視線。

「你們知道塔帕斯（譯註：西班牙小菜）吧？」服務生問。我說我們當然知道。「這就是我們這裡的塔帕斯。」他把菜單拿給我們。上面寫著三隻明蝦要價五十美金，一小條鹿肉香腸要價四十美金。我們看見隔壁桌點了一顆肉丸，還有一片蘑菇泡在一匙牛肉湯裡。我跟布萊恩盯著那顆肉丸和菜單看，服務生站在旁邊一動也不動；最後，我們去吧台點了雞肉三明治。我氣到不想點二十二美金的艾普羅雞尾酒。炸薯條很讚。

臨時綠燈

跟「尊嚴」的瑞士醫師G第一次面談前，我們還有一天的空檔。G醫師總共會跟布萊恩面談兩次：一次在禮拜一，一次是禮拜三。再來就是禮拜四到「尊嚴」的辦公室赴約。我們最後一次跟「尊嚴」的聯絡人海蒂（她已經跟我們透露真名，這裡以S代表）通電話時，她告訴我們，我們正在「取得臨時綠燈的路上」。後來一封更正式的電子信通知我們拿到了臨時綠燈；之後一名瑞士醫生會幫我們開藥，取得布萊恩在尊嚴辦公室進行「陪伴自殺」時要喝的戊巴比妥鈉。所以，要是布萊恩面談時表現得一如預期的好，G醫師確認他的判斷力和決心都沒問題，我們禮拜三就能得到正式綠燈，禮拜四就能前往尊嚴辦公室（我姊說，那就像是你想方設法把小孩送進哈佛，好不容易成功了，他們卻殺了他。艾倫對自己竟然說出這種話感到震驚，我聽到也一樣震驚，但她說的沒錯）。

我從來沒有用任何方式抗拒過「尊嚴」。秋天時，我們在家接受電話訪談常被延期，而且半小時後才收到電子信的延期通知，我也沒有半句怨言（「他們是瑞士人，怎麼可以不準時？而且還不只一次。」我說）。即使當時我跟布萊恩坐在廚房裡，全身緊繃得要命，還把貝果放到一邊，以免發出不恰當的聲音。我們準備等電話響起就開擴音，這樣他們要是問了他不知如何回答的重要問題，我就可以寫在我們前面的筆記本上給他提示。這樣的情況只發生過一次。那次S問他為什麼想結束生命，他頓了頓，不是因為不會回答，而是因為他忘了「阿茲海默症」（Alzheimer's）這幾個字。有時候他會說成Anheuser（就是那家味道還可以的啤酒釀造廠Anheuser-Busch），有時會說成Arthritis（關節炎）。我們前往蘇黎世時，他已經忘記孫女的名字，把各種日期混淆，還會在超市裡迷路，卻一直記得自己的病叫什麼名字。

那次跟S電訪，我用顫抖的手盡可能用大寫工整寫下「ALZMEIMERS」（阿茲海默）這個字。布萊恩對我點點頭，然後清了清喉嚨，彷彿只是因為這個問題太過重要而有點激動。接著他沉吟道：「我不想結束自己的生命，但我寧可在我還是自己的時候結束生命，而不是等到一天比一天活得更不像人，才採取行動。」

我們從八月就為了這通電話努力奔走，五個月過去了，我們漸漸認清「尊嚴」就是布萊恩最好的選擇，或許其實也是他唯一的選擇。

要不是神經科醫師在布萊恩的核磁共振檢查報告上面註明，她是因為患者「重度憂鬱症發作」才安排檢查，我們可能會更快達到目的。寫很容易，但那並非事實；要是當初她更細心或精準一點，我們可能九月就通過「尊嚴」的層層關卡，但其實那時我們根本還沒準備好。十二月之前，S告訴我們可以繼續跑流程，一月就可以去蘇黎世，這一切突然變得真實起來——沒有布萊恩的世界，沒有他卻繼續運轉的世界，剩下我孤單一人，他化為塵土或星辰，從此不在我身邊。再次跟S道謝過後，我們掛上電話抱頭痛哭，一句話也沒說就直接上樓午睡。當時才早上十一點。

二〇二〇年一月二十七日星期一，蘇黎世

根據「尊嚴」的資料，得到臨時綠燈的人有七成從未再跟他們聯絡；這些人只是需要一個保證或保障。但我們並非其中之一。十二月初，我們仍然盼望能拿到綠燈。有封電子信通知我們，尊嚴辦公室從十二月二十一日到一月六日暫時關閉。信上還說，我們寄去的布萊恩出生證明格式錯誤，他們要等所有文件齊全，才能安排我們到蘇黎世的時間。S附上推薦的飯店名單，每間聽起來都很舒適宜人，有不少很像山間的度假小木屋，裡頭擺了很多薑餅屋，又可以俯瞰蘇黎世湖。

但布萊恩不想繞著湖畔健走。他想待在市中心，去最古老或最現代的一區都行，他一向如此。他要我看看有沒有別的選擇。他說：「直接用Google查，然後讓我看

照片。」於是我們展開了虛擬的蘇黎世之旅。這座寒冷的瑞士德語區城市以巧克力聞名，春天有些釣魚的好去處，曾在二戰期間凍結被迫害猶太人的銀行帳戶，二〇〇〇年之前都未歸還分毫，連畫作也是，還有一家俯瞰著名夏卡爾彩繪玻璃窗的好餐廳。

（實際的精簡版如下：親自走訪蘇黎世之後，我們覺得彩繪玻璃窗還不錯。蘇黎世聖母大教堂在七〇年代委託夏卡爾繪製玻璃窗。當時他已經八十高齡，用三年的時間完成五扇窗戶，包括雅各與天使搏鬥、末日〈吹號角的天使〉、十字架受難圖。我愛夏卡爾，但那些作品無聊乏味得要命。布萊恩看了又看，觀察塗料的顏色、線條和焊接，然後我們雙雙轉進幽暗的聖器室。我們不在乎那些作品，也沒有受到感動。之後到了茶館，我們才開心一些，享用美妙絕倫的紅絲絨蛋糕，上面一層水嫩的紅色果凍，再上面鋪了有如女帽的巧克力圓頂。這樣我們就滿足了。十五分鐘參觀彩繪窗，一小時享用糕點。）

二〇一九年七月
藍色筆記本

我希望我們預約的神經科醫師，能為布萊恩這幾年一些令我困惑或受傷、時常也憂心不已的行為提供一個解釋。抱怨過手機和手機上的行事曆之後，布萊恩開始抓著一本六頁的桌曆在家裡走來走去，就跟我奶奶以前帶著古老的塑膠手提袋跑來跑去一樣。我要是說我們不需要日曆，他會不高興。當我提醒他，我們的廚房有一大塊行事曆白板，用來整合我們的看診日期、社交活動，我還應他的要求填上各自的約會，結果他卻說：「我從不看那個東西。」

當我說：「咱們今晚或明天去看電影。」內心期望跟以前一樣度過開心的夜晚（以兩個有工作的大人來說，我們服用很多電影和爆米花），他會起身去找他的桌曆，然後抓著桌曆走回來仔細研究一番，即使電影院每天七點都放電影，而且五分鐘就能抵達，再說我們沒有小孩也沒養狗。每次我們討論即將到來的活動，他就會揮舞著他的桌曆，連去拿外帶食物都是。我看見他用歪七扭八的新筆跡把事情記下來。

幾年前，我們開始寫筆記本「促進兩人的溝通」。起初，我比布萊恩更喜歡這個點子，但後來他也愛上這個方法，藉由紙筆讓我知道他去散步、家裡該買衛生紙了，或是他出去辦個事。有了筆記本，他就更不需要常用手機，所以他很喜歡。一開始，也就是我們剛結婚時，我只會在廚房流理台上留張紙條，用鹽罐壓住，上面可能寫著：**你媽打電話來**，或是**星期六晚上要跟某某某吃晚餐**。布萊恩覺得不滿意，大概是嫌太過馬虎，至少絕對不夠認真，所以他要求要用筆記本。幾年前，我們使用的每本筆記本總有某個地方不合他的意：太大、太小、沒標日期、沒標時間。能改的地方我都改了（但不是每次都成功），最後我們決定用一款深藍色的線圈筆記本，我也學會在每頁最上面用大字寫下幾月幾日星期幾，清楚列出事項，不同的事情要分開，而且要聰明或耍可愛（畫圖、貼貼紙、問問題）不只浪費時間，還會造成他的困擾。我們前前後後用了好幾十本那種深藍色的筆記本，直到前往蘇黎世之前，筆記本仍是我們之間少數成功率較高的溝通方式之一。

至今，我還留著那些筆記本。

二〇二〇年一月二十七日星期一，蘇黎世

跟「尊嚴」通信時，我的語調一向是委婉的懇求加上一點幽默，好讓對方知道我們不會太難搞，同時夾帶一絲「請留意我對細節有著瑞士式要求」的暗示。我變得盡可能地英國（我相信面對瑞士的德語人士，你不能像猶太人那樣**大呼小叫**，或像義大利人那樣**緊張兮兮**）。我寄給他們的每封電子信都會出現「頗為」、「些許」、「容或」這些字眼，而且經常三個全部用上。我想表現出有耐心，腦袋清晰，冷靜自制又討人喜歡的一面。

這週我們的聯絡人不在辦公室，一月六日之後才會進一步通知我們時間安排事

宜，爲此我們感到些許不安。總覺得還要過很長一段時間，我們才能眞正開始規畫。您的來信說，我們的聯絡人「會盡快與我們聯繫」，能否請問大概會是什麼時間？

感激您提供的所有幫助。

布萊恩．阿梅奇&艾美．布魯姆筆

寄件者：尊嚴辦公室
寄件日期：二〇一九年十二月十七日星期二，三點四十四分
收件者：艾美．布魯姆
主旨：已收到出生證明

布魯姆太太與阿梅奇先生，

你們好！

你們的聯絡人會在假期結束後盡快與你們聯繫，最晚不會晚於二〇二〇年一月六日。

尊嚴團隊　敬上

Dignitas

活得有尊嚴

死得有尊嚴

二〇二〇年一月二十七日星期一晚上，蘇黎世

我希望G醫師進來我們的旅館房間時，我能表現出沉著自制又有耐心的一面。他打了兩通電話給我，改了兩次面談時間，因此現在我們才會在星期一晚上十點這個奇怪的時間，在房間裡坐定。時間這麼晚，讓整件事顯得更不可告人，也更加重要。我擔心G醫師會到櫃台詢問，飯店的人就會知道他來這裡，是為了跟布萊恩面談，並且發給他星期四前往「尊嚴」赴約的正式許可。然後，某位出於好意、肯定生命的服務生或晚班經理就會出來阻止我們。我不知道自己是不是應該守在大廳裡，阻止那樣的事情發生。布萊恩認為我不該這麼做。我思考布萊恩應該給G醫師什麼樣的答案，而我又該如何表現。我穿上黑色襯衫和黑色羊毛衫，然後照照鏡子。瑞士人感覺挺保守

的，所以這可能是很得體的打扮。我想表達適當的支持，無論那可能代表什麼。幸好我結婚不是為了錢，所以無論瑞士當局怎麼挖，應該都會很清楚，我嫁給布萊恩和支持他結束生命並沒有「財務上的好處或利益」。他們在我身上尋找的是痛徹肺腑的跡象，而不只是認命地接受嗎？事實證明，「尊嚴」提供的服務之所以能存在，靠的就是「財務上的好處或利益」這句話背後的法律漏洞。瑞士法律明訂，若是明顯涉及財務利益，那麼協助或鼓勵自殺就是犯法行為。法律用的文字是「私利」，對我來說，那包含的範圍應該不只是人死後牽扯的金錢問題而已。換句話說，如果不涉及私利，你就可以協助他人結束生命，而這就是目前為止「尊嚴」得以協助三千人結束生命的法律基礎。

二〇〇五年九月，康乃狄克州德罕鎮

我們相識的過程

我跟布萊恩相戀的過程，跟小城鎮一些婚姻不幸福的中年男女的相戀方式相差無幾。我們在共和黨居多的小鎮上屬於自由開放派的民主黨，是充滿北歐人的小鎮上的少數異族，兩人都愛發表自以為是的高論，而且每年九月的市集都很樂意幫忙顧德罕鎮民主黨團的熱狗攤（賣熱狗和蘋果汁）。我自動忽略他很矬的髮型和飛行員眼鏡。我相信他也必須忽略我對運動興趣缺缺且個性急躁（布萊恩光是聊塑膠涼亭或圖書館的額外停車位，就能聊好久）。由於我們的伴侶都不愛走路，於是兩人開始一起散步，還有在公共場合和當地的民主黨早餐會一起聊天，之後突然也開始私下聊天。他說他高中當過三種體育校隊的隊長，我聽了哈哈笑。接著他又說：「要不是沒辦法既打袋棍球又打棒球，那就會是四種。」「是這樣嗎？」我說。然後他牽了我的手，詢問：「妳來自什麼樣的家庭？」我說：「紐約的猶太家庭。那你呢？」他說：「我們家是橄欖球家庭，家裡有三座海斯曼獎盃（譯註：美國大學最佳橄欖球員獎）。」我問：「什麼是海斯曼？」然後他吻了我，我也吻了他。之後一整年，我們理所當然避著對方。過了一年，一天將盡之際，我們在紐哈芬喝了幾杯馬丁尼，之後他邀我跟他一起去散步。

他說：「我並不笨，我知道這會怎麼結束。妳會告訴我，或者是我會告訴妳，我們不該這樣對待我們所愛的人，然後各自重回原來的生活，回到自己原本的位置，而我會一輩子忘不了妳。又或者，我們就豁出去毀了原本的生活，真的在一起。」

他說：「我只想在我們各自去開車之前，說出心裡的話。我知道妳可以跟什麼人在一起。某個妳姊姊替妳物色、有錢又有品味的男人。但我知道妳應該跟什麼人在一起。妳應該跟一個不在乎妳比他聰明，也不在乎大多數時候妳都是目光焦點的男人在一起。妳應該跟一個支持妳賣力工作、深夜會端杯咖啡給妳的男人在一起。」他眼中含著淚水說：「我不知道自己能不能成為那個男人，但我願意試試看。」

於是我們結為夫妻。

二〇二〇年一月二十七日星期一晚上未完待續，蘇黎世

根據我的理解，G醫師不只是帶我們走完這個程序的嚮導，也可能是一個小阻礙。布萊恩對一切過程都很清楚明瞭，除了日期。而我決定，記不記得住日期並不重要，因為硬要逼他記住，只會弄得我們兩個緊張又疲憊。有個朋友的朋友之前帶著罹患腦癌的父親來這裡，他告訴我一定要由布萊恩去開門，證明整個過程都是由他主導。我把這件事告訴布萊恩，他點點頭，但我看得出來他不會一聽到敲門聲就跳起來開門。以前我們辦過各種聚會，但布萊恩從來不是那種忙著招呼客人的人（句點）。他喜歡當客人，但結束之後會幫忙洗堆積如山的碗盤作為補償。我不知道如何確保他會去開門，或者這件事到底重不重要，只是不斷地說：「醫生會來敲我們房間的門。」

（我也擔心要怎麼待客。醫生會想要來杯茶嗎？他長得像手拿鐮刀的死神嗎？答案都是否定的。）

後來醫生確實敲了門，我也嚇了一跳，差點尖叫出聲。

布萊恩慢慢走去開門，變回最平易近人的他（以前我們常說，布萊恩跟誰都能聊。他甚至能跟樹墩閒話家常，最後樹墩還會擁抱他，跟他道別，謝謝他陪它度過愉快的一晚，並邀請我們下次去參加樹墩聚會）。

G醫師個子不高，一雙大眼睛憂鬱迷人。我們三人握了手，布萊恩跟G醫師面對面坐下。我問G醫師我能不能留下來，他露出驚訝的表情，輕聲說我當然應該留下來，因為這一切也跟我有關。我開始流眼淚，兩個男人和善地看著我。我給自己倒了一杯水。G醫師問我們坐飛機是否一切順利（他說：「叫我摩西，那是我爸的名字，那讓我有點受到保佑的感覺。我知道是我想太多了」）。他說他之所以那麼晚來，是因為他剛剛人在市區聽音樂會，而對他來說，最方便的時間就是音樂會結束後順道過來，因為他住在蘇黎世湖附近，不是每天都進市區，但因為我們選擇住舊城區，他只好特別跑一趟。他一邊解釋也**順便**抱怨，而且是那種我只能形容是猶太式的抱怨法，在每個句子的前後都跟我們保證，他絕對不是在抱怨。我懇請他喝喝水，他沒有拒絕，大概以為這樣我才會停止哭泣。之後，他打開一個文件夾，對布萊恩說：「看過你的申請書之後，我就知道我會見到你，但我沒想到會這麼快。」布萊恩說：「這是一扇窄門。我的意思是說，沒人知道他們還剩多少歲月，還有多少時間能做出這個決定。」G醫師一副想反駁的表情，但最後只說：「你說的沒錯。」

他說他父親死於阿茲海默症，從各方面來看，那都是一個漫長而痛苦的過程，之後他就開始來「尊嚴」幫忙（他是眼科醫生）。他還說，「尊嚴」裡面總共有八位醫師，大家都很忙碌。我很擔心他又要說，他從湖畔跑來市區多花了很多時間，幸好沒有。他對布萊恩說：「我會一次又一次問你是否確定這是你想做的事。我希望你明白，從現在到最後行動的那一刻，你隨時可以改變心意，選擇放棄。我希望你放棄。」他輕聲說，布萊恩點點頭。「那麼，你確定你想在星期四結束自己的生命嗎？」G醫師問。布萊恩說他確定。我又開始流淚，謝天謝地，他們兩個再次忽略我的反應。G醫師微笑並點頭。

他拿起文件夾，和藹可親地說：「阿梅奇先生，看來你沒有信仰。」布萊恩笑了笑說：「我相信很多事，但宗教和來生不包括在內。」G醫師輕聲一笑說：「那麼你會比我更早知道答案。請務必讓我知道。」布萊恩微微一笑。

G醫師的語調一轉。「讓我為你說明一下整個過程。你們會在早上十點之前抵達我們位在蘇黎世郊區的公寓大樓。不要遲到。到時會有兩位『尊嚴』的工作人員出來迎接你們，請你們進去。你們可以慢慢來。」他說：「不用趕。」他把視線轉向我，彷彿看得出來我是個急性子。我想叫他放心，我們在蘇黎世的每分每秒，我都努力要讓時光倒轉，停止前進。

「到時候要請你們填些文件。裡頭供應巧克力。有人會給你止吐藥，這樣你就不會嘔吐。」他說：「之後你最多有一小時的時間，決定要不要喝下藥水。如果你需要更多時間，他們會再提供你止吐藥。然後，你一樣有一小時左右的時間決定要不要喝下藥水。」他說：「藥有點苦（我很好奇他怎麼知道），喝下去之後你會慢慢睡著，愈睡愈沉，然後一切就結束了。阿梅奇太太，妳可以坐在他旁邊很長一段時間。」（我很高興他叫我阿梅奇太太。我知道布萊恩每次聽到都很開心。）

布萊恩專心地點著頭。G醫生說：「過程中，你隨時可以改變心意。無論是此時此刻，或是星期四早上都一樣，沒有人會因此感到驚訝或苦惱，所有人都會為你感到高興。」（我不知道為什麼。或許我也會為此感到高興，但前提是那表示魔咒會破解，我的丈夫能完完整整回到我身邊，變回原來的他，而這幾年不過是個可怕的試驗，只是一個又一個毒蘋果，用來證明我心愛的人值得擁有他過去享有的生活。）布萊恩搖搖頭。

「我知道自己在做什麼。」他說：「這對我來說是正確的選擇。」

G醫生點點頭。「我明白了。」他說：「但我會一再跟你確認。」

他離開之後，我跟布萊恩又坐下來。我說G醫師看起來是好人，布萊恩也這麼認為。布萊恩說：「一切都會順順利利。」我也這麼認為。我們躺下來睡覺，手碰手，肩並肩。

爺爺，城堡之王

隨著家裡的小丫頭，也就是我們的孫女一個個出生，布萊恩愈來愈勝任爺爺的角色，他在孩子心中成為全世界最好的爺爺（布萊恩這輩子從沒想過他會有小孩。他喜孜孜說：「我自己就是小孩」）。他常說：「我覺得自己好像搶了銀行。沒有小孩卻直接有了孫女。這也太幸運了吧。」每個小丫頭在兩歲到四歲那個階段，都會把他當作樂高之神，一個會建造高塔和城堡的國王。我們還留著每個孫女站在布萊恩的書桌或咖啡桌上的照片，個個站起來都比他高，驕傲地指著堆得比她們更高的積木。布萊恩對所有展現建築或工程才能的表現，都會大方稱讚。「她照著畫，畫得很好！看這有多穩，她蓋了一個有模有樣的地基！看她把藍色積木都放到建築外殼的一角？我也蓋過類似的房子。」

每個丫頭長大一些，表達想蓋更複雜的樂高時，布萊恩就會移到廚房餐桌，忙著把粉紅色塑膠花束跟小小的綠色枝葉接在一起，蓋一面粉色磚牆並用繁複的馬賽克裝飾，把手機大小的淡紫色露營車掛在小車後面。小丫頭則在一旁開心等待，偶爾遞給他一塊積木或分他一些巧克力（有個親戚的小孩來家裡玩，發現布萊恩的床頭櫃有個糖果罐，便說：「哇，布萊恩叔叔是全世界最幸運的人。」孫女們聽了聳聳肩，很享受那種「天知地知你知我知」的感覺，以及爺爺對她們的特別待遇。她們知道自己可以把手伸進爺爺放在食品儲藏室的糖果罐卻不會挨罵，只會從爺爺那裡得到一個心照不宣的眼神，而且爺爺還會轉過身，用寬闊的背替她們擋住爸媽）。

二〇二〇年一月二十八日星期二，蘇黎世

我們到處閒逛，探索車站大街上的高級精品店，然後又走去蘇黎世湖繞了繞再走回來。我們無法強迫自己走進商店，或是像平常那樣隨便看看（有次我們在芝加哥一家貴得誇張的男性服飾店開心逛了半個鐘頭，只為了讓布萊恩試試深藍色的紳士帽、Missoni圍巾和喀什米爾套頭毛衣）。但飯店附近有間玩具店，我們把注意力都放在那裡。我想從蘇黎世帶紀念品給每個孫女。我們幫雙胞胎伊登和艾薇挑了裡頭有兩隻兔子的雪花球，雖然我不喜歡她們兩人共享一份禮物，問題是我們只找到一顆雪花球，而且突然間，全蘇黎世好像連一件能讓我帶回家的像樣禮物都沒有。

我們對外的說法是：爺爺跟奶奶去歐洲度假，爺爺在旅行途中因為腦部疾病而撤

手人寰。

我跟我的治療師韋恩討論過這件事很多次。當我對布萊恩的擔心和抱怨漸漸變得沒完沒了時，有個朋友推薦我去找韋恩。韋恩是精神科醫師，四十年前我還是研究生時就認識他；當時他在耶魯校園裡，就像精神分析大師一樣昂首闊步。我打電話給他，跟他自我介紹，說我們之前見過，他顯然不記得了，然後我就哭了出來。我說：「我希望你能幫助我。我想殺了我丈夫。」我邊說邊哭，淚水不停地流。他說：「妳想殺了他是因為妳愛他。」我說：「你說的沒錯。」對我來說，我們前往蘇黎世之前和之後，韋恩都拯救了我，最後也拯救了布萊恩。

韋恩以前治療小孩，也治療大人。我跟韋恩和我的兒女（我們四個可愛孫女的父母，他們都深愛布萊恩）討論過，該怎麼解釋爺爺過世這件事。韋恩一再跟我說，愈簡單愈好，而且我們的說法也不算錯。我跟我的兒女說，如果他們想改用另一種說法或採用另一種方式，我也會尊重他們。我們都不認為，跟一個十一歲小孩、兩個六歲小孩和一個兩歲小孩談死亡的權利，解釋我們怎麼做出這個決定，還有我坐在他們心愛的爺爺旁邊，眼睜睜看著他的生命流逝卻任由他去，以及我為什麼讓他這麼做等等，對事情不會有幫助。孩子們會非常想念他，我很確定她們都沒有察覺爺爺有任何異樣。但我知道，要是我們現在不去蘇黎世，她們很快就會為他的生命走到盡頭而感到悲傷，同時也會覺得鬆了口氣；那樣的話，她們只會感到心碎。她們記得的是好玩的、傻傻的、跟她們分享糖果、耳根子軟、深愛她們的爺爺。這對布萊恩來說很重要，對我也是。我想，等她們大一點，如果她們想要瞭解，可以讀這本書和他寫給她們每個人的感人小卡。每一張卡片的開頭都是：**但願我能待久一點**。到了青春期，她們可能會氣我們騙了她們，那時候就無所謂了。這是我們能做的最好選擇。

二〇二〇年一月二十九日星期三，蘇黎世

我們去購物，吃晚餐，跟我認識了一輩子的老友會合，她特別飛來蘇黎世陪我，免得回程時我一個人孤零零的。包括我的小孩在內的其他人，都自願要來陪我。我兒子說：「如果妳不想要我在你們兩個都在的時候出現，我可以星期四在蘇黎世機場等妳，陪妳飛回家。」有些人一開始說要來陪我，但之後想到實際情況又縮了回去。我認識一輩子的老友打電話來說：「告訴我妳需要什麼。」我開擴音跟她通話，這樣布萊恩也能發表意見。我告訴她，待在蘇黎世期間，我們不需要什麼。布萊恩點點頭，大聲說：「謝謝妳，親愛的！」掛上電話之後，我傳簡訊給她，說我回程在蘇黎世機場，狀況大概不會太好，她只要能把我弄上飛機飛回紐華克機場，別出什麼大亂子就

行了。她說：「這我沒問題。」而且也真的跑來陪我。

剩下最後一天的空檔。我們去散步，我拍下每個十字路口以免迷路，每次我拿起手機拍照，布萊恩就繼續往前走，然後說：「我們不會有事的。」我們無精打采地閒聊。回到家之後，我在袋子裡發現一張索引卡，上面寫著：**一月二十九日，痛苦和無聊**。三餐飯後我們都會睡一下。布萊恩醒來時，我們會用我的手機讀詩。布萊恩的男神是約翰．查爾迪（John Ciardi），女神是辛波絲卡（Wisława Szymborska）。我愛兩個都叫「珍」的美國詩人，一個是珍．赫許費德（Jane Hirshfield），一個是珍．肯楊（Jane Kenyon）。我在心中默念，因為沒辦法大聲念出我最喜歡的赫許費德的那一句詩，「就讓妒忌的眾神拿回他們所能拿回的」，甚至沒辦法直視，因為那些妒忌的眾神難道不是已經向我表明了？布萊恩說他想去散步，便穿上外套。我抓起毛衣和筆記本，裡頭寫了G醫師建議的最佳路線。來到蘇黎世，我就像個害怕公共空間又想要迎合他人的人。光是想到要走到比街角茶館更遠的地方，我就頭皮發麻，但很努力不讓布萊恩發現。這幾個月來，我面對事情和轉移注意力的技巧都沒長進，只是變成一個焦慮的人。

我們甚至沒辦法玩金拉米牌，沒辦法看書。我想要一些真情流露、深刻動人的對話，就像我想像中有些人臨終時的畫面（儘管我曾多次坐在臨終病人的床畔，明知道根本沒有臨終懺悔、自白或深情告白這些事。臨終的人通常都痛苦不堪，氣力盡失，或者服用了大量藥物。想當年，我父親輕拍我的手，以為我是他的老伴。我母親則是抓住我的手說：「天啊，親愛的，幫我止痛。」我之所以會抱著這種期待，套一句我老爸常說的話，是因為「希望戰勝了經驗」）。

第二部

生命的盡頭

聽到別人問我「為什麼選擇瑞士？為什麼不是去奧勒岡、科羅拉多、夏威夷或佛蒙特？這些州都已經立法賦予人民死亡的權利」，我都很吃驚（有些人甚至是在我丈夫過世前跟**過世後**不久問我這個問題，更是令我吃驚）。加州、科羅拉多州、奧勒岡州、佛蒙特州、蒙大拿州（根據最高法院二〇〇九年所做的裁定）、華盛頓特區、紐澤西州、緬因州、夏威夷州和華盛頓州通過的死亡權法案（醫師協助自殺），都要求當事人必須是該州的居民，或者成為該州居民（有些州的流程簡易又快速，但並非全部），才能申請醫師協助自殺。此外，這些州也一致要求當事人必須心智健全，經醫師診斷只剩六個月的生命，能夠對兩名當地醫師表達死亡的意願，而且通常要三次，兩次口頭、一次書面。

每一州的法案都大同小異，也故意設下重重限制。實際上，你必須真正逼近死亡的門前，醫生才會很肯定地說你只剩下六個月可活。你還得跟兩名醫師面談，在醫師面前表明自己沒有精神問題、自殺傾向或心情抑鬱，並期望醫師認同你的主張，而且兩次面談要相隔數日。此外，你必須能夠不經他人協助，自行吞下醫生開的藥物。醫生會考慮周到，給你藥粉加水溶化，方便你服用嗎？有些州甚至要求你必須能自行前往藥局購買致命藥物，因為從各方面協助他人自殺都是非法的。我不確定這個條件的強制執行程度有多高。

規定申請者必須罹患絕症並自主選擇結束生命，而且要能獨立採取行動，這是故意把門檻提高。很多人根本達不到。有些人吞嚥困難。有些人行動不便。有些人無法自己拿杯子或攪拌藥物（在美國大多數地方，幫助人服用致命藥物都是犯法行為）。

換句話說，想要結束生命，從痛苦和折磨中解脫的人，在美國只能自求多福。

二〇一九年三月，康乃狄克州石溪村
突如其來又緩慢發生的事

該說我很幸運嗎？動完髖關節手術之後，布萊恩開始擔心自己記憶退化，所以願意去做檢查。主要原因是，他認為（也希望）自己忘東忘西，只是三月的髖關節置換手術、全身麻醉之後產生的後遺症。其實兩年前，我就開始擔心他的記憶力和平衡感出了問題，但現在連他自己也開始擔心，我就可以說我也擔心。

儘管如此，他記憶衰退的事還是讓我措手不及。他開始忘記人名，重複說一樣的話，顛三倒四，搞混約會日期和服用的藥物。突然間，我們好像什麼事都爭吵不休。

術後檢查時，替布萊恩開刀的傑出外科醫師欣賞完他的手術成果之後說，麻醉確實會導致記憶喪失和術後認知衰退。但他說布萊恩身體健康又沒有心臟問題，不像會發生這種問題的患者。但聽到布萊恩不停抱怨，連在診間走一圈慶祝手術成功都難以撫平他的擔憂，醫師又說，他確實有少數患者因為麻醉而出現腦霧和記憶受損的症狀。但他是個傑出的外科醫師，也相信布萊恩的手術非常成功，所以便用自信篤定的口吻對我們說：「會漸漸好起來的，給它六個禮拜的時間。」

那六個禮拜期間，布萊恩的短期記憶稍有好轉，其他方面卻開始退化。他本來是個喜歡呼朋引伴的人，卻變得不愛跟朋友見面，除了去釣魚。如今他聊天的話題只剩下往事、橄欖球和他的童年，我無法讓他轉向別的話題。晚上當我說（因為不知還能怎麼辦），也許我們可以聊聊目前的生活，聊聊我跟他、他的退休規畫、兒女孫女和我們的朋友。他說當然好，結果我們什麼也沒聊，整晚都在看電視當中度過。

春天某個早上，我淚如雨下，因為感覺布萊恩離我好遠好遠。我看得出來他很不安，也因為害我難過而真心感到抱歉，但我同時看得出來，他其實不知道我為什麼難過，就算我提醒他昨天我們之間漫長而無謂的爭吵，也無濟於事，於是當下我哭得更厲害。以往，星期天早上我們都會談談心，那是我們很珍惜的時光，現在偶爾還是會。

多半是討論誰傷了誰的心，誰欠誰一個道歉，我通常比他更快低頭，但就算是他的部分，也不會超過晚餐時間。布萊恩免不了會搬出「我哪有這麼說」或「就算我說了也沒那個意思」的策略，但我最喜歡他的一點是，他很願意承認錯誤。雙方先是怒火相向，之後烏雲逐漸散去，而我丈夫會更深入地自我反省，然後真心誠意跟我道歉（我最喜歡的台詞是「對不起，剛剛我真的腦袋有洞」）。然而如今，烏雲徘徊不去，道歉也很薄弱無力，不然就是冷冷淡淡。

我感覺到他跟我之間隔著一片玻璃，而我大力敲打玻璃，大聲對他喊：「為什麼我們之間隔著玻璃？玻璃是從哪裡來的？把它拿走！」布萊恩則用困惑不解、又惱憂的眼神看著我，而且真的會對我說：「什麼玻璃？還有，拜託妳別再抱怨根本不存在的東西了。」

我打電話跟神經科醫師約了時間。等我們終於看到神經科醫師時，布萊恩短期記憶衰退的問題已經減輕，但話題還是只繞著往事打轉，擋在我們中間的玻璃仍然存在，另外還有一堆難分難解且不斷增加的問題。

訊息無法接收

二〇一六年末，我就知道事情不對勁。我開始拚了命地讀阿茲海默症相關的資料，搜尋網站和照顧者的部落格，這樣持續一段時間之後，又完全中斷。因為要是知道真正的原因，我怕自己會承受不了。每個探討阿茲海默症的網站都會強調患者的認知功能開始衰退時（約會、手機、開車，再來是姓名、個人衛生，忘記生命中的一些人事物，但清楚記得某些前塵往事），應該要做哪些事。但其中很多都指出一個重點：阿茲海默症患者儘管認知和記憶衰退，卻還是原來的那個人，尤其是初期階段（其中一個人的說法是：**並非從此就是世界末日**）。有些醫學網站確實會告訴你，當神經元停止運作，跟其他神經元失去聯繫、終至死亡時，患者如何漸漸從你眼前消失。神經元具有連結、溝通和修復的功能，而阿茲海默症摧毀的就是這些功能，內外的連結因此中斷，先受損的是內嗅皮質和海馬迴（掌管記憶的大腦部位），再來是大腦皮質（掌管語言、資訊處理和社交行為）。

這些神經元有如腦內的士兵，打從我們出生就在腦中的路徑展開行軍，使我們產生行動，同時也移除各式各樣的障礙。但阿茲海默症一出現，它們就窒礙難行，往前被倒塌的樹木堵住，往後被垂落的電線擋住。多年來，這批士兵訓練有素又可靠，執行過各種任務，上山下海，無役不與，用游的、爬的、走的，跋涉到不同的心智目的地，如今卻開始腳步蹣跚，而且早在外人察覺異狀之前就出現跡象。最後（有些人是五年後，有些人是三年，有些是十年），種種障礙再也無法克服。訊息無法接收。士兵難以突破重圍，殺出新路。撤退成了唯一可能的路，這時若你試圖在槍林彈雨之中把某個人引誘出來，是非常愚蠢的事。對我來說，阿茲海默症就如同第一次世界大戰爆發，而現在能和布萊恩開開心心度過一天，就像當時著名的「聖誕節休戰」（德國士兵爬出戰壕，對英國士兵唱聖誕頌歌，大喊「英國人，聖誕快樂」，雙方互相分享菸草和口糧，交換紀念品和戰俘），短暫而美好，而且一去不復返。撤退是合理的選擇，對我來說痛苦不堪，而對現在的布萊恩來說，我想並沒有太大的感覺。

失去和破壞的過程逐漸發生，有時會暫停，但從未真正停止。患者本人會啟用替代路徑，盡可能保持自我的完好（布萊恩開始叫每個孫女「親愛的」或「小丫頭」，稱他的讀書會「那些傢伙」），旁人也會給予幫助，直到這些都再也不夠。心智的容器開始軟化、碎裂；由尼羅河泥土和黃麻纖維製成的古埃及陶罐逐漸崩解。但這個過程並非在一夕之間發生，而是彷彿罐子裡的纖維一根根被拔出來，罐子再也不成罐子，因為已經裝不了任何東西，只剩下你掌心的一團泥土和乾草。

「尊嚴」

截至二〇二〇年為止，「尊嚴」已經幫助三千多人安樂死。他們另一個競爭對手：「飛馬」（Pegasos），其創辦人是待過「尊嚴」的一名醫師的兄弟。也就是說，如果你沒有精神疾病、自殺傾向或重度失智，全世界有兩個地方可以讓你毫無痛苦地結束生命。我雖然很高興我們不只有一個選擇，但心裡還是比較偏向「尊嚴」，因為他們很盡力用和善又實在的態度對待我們。

根據「尊嚴」（主張人要「活得有尊嚴，死得有尊嚴」）的規定，陪伴自殺必須符合以下幾個條件：高齡（申請者有不少九十幾歲的老年人未受病痛折磨，只是對人生十分厭倦）、罹患絕症（即使存活年數達十年之久亦可；這在美國不行，但瑞士可以接受），或有「難以忍受的殘疾」或「無法承受和控制的痛苦」。「尊嚴」一九九八年由律師及歐洲人權公約前祕書長路德維希・米內利（Ludwig Minelli）創立。雖然不時被控違法（瑞士停止調查尊嚴診所骨灰罈棄湖案，《西雅圖時報》，二〇一〇年；靠絕望獲利？前員工指控尊嚴自殺診所是唯利是圖的殺人機器，《每日郵報》，二〇〇九年），這二十二年來其實運作得頗為順利。他們偶爾就得搬家，原先設在一間公寓裡，因為鄰居抗議而搬到米內利在毛爾的住處，但他的鄰居也抗議，所以又搬去蘇黎世的另一棟公寓，附近一家妓院因為可想而知的原因提出抗議，因此又搬去一家保齡球工廠，如今在蘇黎世郊區的某工業區落腳。目前已經八十八歲的米內利似乎仍在管事（珊德拉・馬汀諾〔Sandra Martino〕這個名字出現過幾次，她是德國分支的負責人，由於聯邦法院裁定禁止協助自殺在德國違憲，因此「尊嚴」期望來年能在德國成立辦公室）。

飛馬跟「尊嚴」十分相似，事實上也彼此相關。艾莉卡・普萊希（Erika Preisig）醫師二〇〇六到二〇〇八年曾在「尊嚴」任職。二〇一一年她與人共同創辦了生命循環組織（Lifecircle），積極提倡修改協助自殺的相關政策，並提供相關的諮詢和支援。

飛馬與「尊嚴」的價格不相上下，申請過程也大同小異，但申請者到瑞士後必須跟第二名醫生面談。飛馬提供跟「尊嚴」一樣的陪伴自殺服務，但巴比妥類藥物可選擇靜脈注射（藉由轉動旋鈕或按鈕自行給藥）或口服飲用，死亡過程還會錄影。當初艾莉卡．普萊希跟弟弟魯埃迪．哈伯格（Ruedi Habegger）一同創立了生命循環，但現在已經找不到這個組織。原因在於，二〇一九年，普萊希醫師協助一名六十歲的憂鬱女性自殺，過程中處理巴比妥類藥物不當而被控過失致死，最後被判兩萬美元罰金和十五個月徒刑（緩刑）。法院認為該女性具有選擇結束生命的判斷力，但普萊希協助她自殺時，處理戊巴比妥鈉失當（我不認為有處理得當或失當的問題）。普萊希醫師因此消失，她弟弟後來成立了飛馬。飛馬主要把自己定位成「比『尊嚴』更好的選擇」：手續更簡單！急件幾週即受理，不用等上好幾個月！志工以英語為主要溝通語言！你可以帶狗一起來！免繳會員費！

英語系大都會的報紙，每年都有丈夫、妻子或小孩帶心愛的家人去「尊嚴」安樂死的報導（〈我妻子在「尊嚴」結束生命〉，《衛報》；〈我很生氣爸爸必須離家到「尊嚴」安樂死〉，《每日郵報》）。報導通常是第一人稱敘述飛往瑞士的忐忑旅程（在英國通常會比我跟布萊恩更低調，因為傷心的家屬一返家，據說警察就會上門通知他們即將面臨指控），再來是驅車前往蘇黎世郊區的藍色小公寓大樓，有人稱之為「藍色綠洲」。文章有時會在申請人喝下止吐藥之前打住，有時則會描述到過程的最後及返家。

二〇二〇年一月二十九日星期三未完待續，蘇黎世

G醫師早上來敲門，劈頭就說這只是個短短的面談。他問了布萊恩兩次是否改變心意，布萊恩說沒有。他跟布萊恩談到他們都喜歡達賴喇嘛，並各自分享了他們年輕時去見達賴喇嘛的經過。兩人對彼此都很滿意。我在一旁用袖子拭淚。G醫師問了布萊恩幾個問題，確認布萊恩知道自己在哪裡（蘇黎世）、為什麼在這裡（到「尊嚴」進行陪伴自殺）、實際的程序步驟（他的回答是：吃點巧克力、簽些文件、服用讓他不會嘔吐的東西，然後喝下藥）。布萊恩的回答都正確無誤。但他答對問題的這種時刻，我忍不住會想：我們這麼做是不是太早了？我們應該六個月後再來嗎？G醫師走了之後，我又哭了一會兒；布萊恩的眼睛是乾的，我看得出他已經離我遠去。他的小

船已經離岸遠航。

我們出去用餐，晚餐吃了還不錯的義大利料理，點餐時布萊恩不像往常那樣興奮期待。他眼睛沒看服務生，還不小心打翻我的酒杯。服務生在我們的小桌子上鋪了六條餐巾，並幫我們把地板抹乾淨，另一名服務生跪在我旁邊清理碎玻璃。過程中，布萊恩都平心靜氣地坐在位子上。我很確定我們有交談，但只聊了食物和天氣。我們走了幾條小巷，穿過迷霧，然後又繞回飯店。每天晚上，布萊恩都會問能不能去散散步，我當然說好，怎麼能說不好呢。今天也不例外。外面又冷又暗，路上濕濕滑滑，我想像布萊恩應該跟我一樣覺得孤單，但我看得出來，他不像我那麼害怕。

二〇一九年春天，石溪村

告訴我為什麼

我們的日常生活，漸漸需要我像當年婚姻觸礁時還得全職工作，並且像照顧一個青少年、一個小小孩和一個嬰兒時一樣費盡全力，卻無法從中得到樂趣。十四年來，我幾乎沒有看過其他男人或女人一眼，現在我卻會想像自己在頂樓酒吧，跟親切和善、但不太可能跟我湊在一起，甚至也合不來的人一起喝酒。我跟布萊恩一向很黏對方。我們喜歡一起去超市採買，喜歡一起去魚市場、麵包店和乾洗店。他跟我姊姊一樣熟悉我的鞋子大小和購物偏好。我甚至跟他一起開車橫越新英格蘭，去逛高級的飛蠅釣工具店。而如今，我會在他出門散步時鬆一口氣；夜深人靜時，還會考慮要不要在紐哈芬替他租間小公寓（工作室似乎太小，弄得像在懲罰他，所以我想的是在走路到得了的地方，替他找間像樣的套房），需要的話再找個幫手。

既然都考慮要找幫手了，我怎麼會不覺得奇怪我那今年六十五歲、會讀福克納的小說、一週健身三次的丈夫，**為什麼**會需要……幫手，我**實在說不上來**。

我們還是會一起做父母和祖父母會做的事，而我總覺得沒必要讓家人知道我沒辦法再跟深愛的男人一起生活。我沒有把這些想法告訴任何人，但確實跟一些知心好友說過他的男性初老症狀／提早退休／無所事事快把我逼瘋。但我告訴自己：這一切都會過去的，而且你瞧，他去學彩繪玻璃（我替他找老師，訂好上課日期和確定上課地點），參加讀書會（他不勝負荷時，我會幫他瀏覽往來討論的電子信，還跑去圖書館幫他借書），關注我們小鎮偶爾會爆發的土地區劃論戰，還興致勃勃地研究地方法規，所以到底有什麼問題？我也說不上來。但我知道眼前的男人不是我當初嫁的人，而他的改變並不是長達五十年日積月累而成（那樣會非常可悲，但至少不會讓人覺得莫名其妙），而是這三年多才發生的事。因為我還無法跟任何人說起這件事，自然也無法採取任何行動。

我讀了資料，看了影片，強迫自己正視一年前我不願意或無法認清的事實。那就是，布萊恩從二〇一六年末就開始出現輕中度的阿茲海默症跡象。

布萊恩是個義大利龐大家族的長子，身邊有個女人服侍他，或在他需要的時候幫助他（不需要的時候，他就自己來），生活對他來說應該舒服又愜意；對我來說，至少大半時間也是如此。我二十一歲就成了一個十歲小孩的繼母，而且覺得自己比大部分年輕女孩更喜歡這個角色。大學畢業後，我進了紐約劇場工作，後來卻辭掉這份我夢寐以求的差事（「我男朋友覺得要兼顧家庭生活和劇場工作很難。」當時我是這麼說的。周圍每個人至少都比我大十歲，對於像我這樣運氣好卻白白丟掉大好機會而不自知的年輕人，他們似乎覺得既同情又火大。沒人笑我、罵我或不讓我走。後來我搬回康乃狄克州，跟我的前教授以及他的兒子同住，成了三口之家）。我在一間幼兒園找到工作，三點之前就回到家，還可以幫我的準繼子做點心，陪他玩牌。我帶他去看醫生（診所護士盯著我們兩人幾乎一模一樣的印花T恤、亂亂的頭髮、鬆垮的喇叭褲看，一臉不以為然）；強烈反對他爸媽讓他穿大地色的格紋襯衫，把他變得活像個霍亂病人。我帶他一起去購物，陪他下黑白棋和雙陸棋，晚上睡覺替他蓋被子（如果他想），煮他愛吃的東西，要求他寫感謝小卡，保護他不受任何傷害。我根據所知，盡可能當個好母親，因為這件事對我來說具有某種意義（其實是因為我母親雖然愛我，但她不善廚藝，而且飽受焦慮症所擾，難以正常生活，所以從來沒有保護過我）。第一次當母親，我就很喜歡照顧、關心、保護人的工作，後來生了兩個小孩更是駕輕就熟，等到布萊恩出現阿茲海默症初期症狀時（即使當時我們都還不知道出了什麼問題），我對於自己巧妙地伸出援手，還有給予安慰、保護和插手干涉的次數逐漸穩定增加，竟然毫無所覺。

然而，我那時髦又有型的丈夫（以前我都誇他的上班服看起來就像黑手黨同志殺手）卻開始拒穿T恤和寬鬆牛仔褲以外的衣服，而且從一份我知道他閉著眼睛也能做的工作提早退休。

提早退休

據我所知，四年前布萊恩靠著展現真實的自己得到最後一份工作，進入一所大學擔任建築師。他跟我說他經過一連串面試，回答了各種有關建築、室內設計和團隊合作的問題。他說，他告訴面試委員他很擅長團隊合作（確實），適應力也很強（才怪）。回到家後，他很有把握自己會上，也從某個面試委員口中聽說他上了，並在面試過後二十四小時就收到錄取通知。幾個月後，我們都不知道究竟哪裡出了問題。我想不通為什麼他跟辦公室主管和行政助理似乎溝通不良，還有一個月後，當初滿懷熱情雇用他的女上司為何會給他如此冷淡的答覆。

大多數時候他都失望又困惑，不知道為什麼這麼多事出了錯。他很喜歡去學校餐廳吃午餐，聽起來他好像在餐廳消磨很多時間，除了用餐，還跟餐廳經理混得頗熟。他跟我提起他跟上司的面談，我聽得出來，他在那些面談中努力施展魅力，因而一次又一次得到赦免，但我想不通他做了（或沒做）什麼事，才需要得到赦免。

過了一陣子，我不再逼他描述細節，轉而鼓勵他對那些不願幫忙又沒耐心的辦公室職員要特別有禮貌，但似乎一點幫助也沒有。到了夏天，上司時常找他面談，緊盯他的專案進度，因為上司說他「動作太慢」。上司把他叫進辦公室，問他是不是正在服用可能影響專注力的藥物。我們都很不安，兩人都認為或許是他吃的止痛藥（進行第一次髖關節置換手術之前）讓他看起來精神渙散，甚至害他真的精神渙散。我們決定，他應該告訴上司他**正在服用**止痛藥，並且安排十月動髖關節手術。他告訴她之後，還跟我說一切都很順利。

換完髖關節，他休息了八週。之後他不再談辦公室的事，上班似乎也不是很忙。印表機、電腦和辦公室禮儀難倒了他，工作期限飛逝而過。聖誕節之前，他的上司告訴他，他的工作合約到明年四月為止，不會再續約。她強調他沒有被開除，只是不再續約。布萊恩跟我都明白，他被委婉地開除了。他把自己在學校的辦公室清空，告訴大家他要提早退休。他告訴我，他上司是個很會精打細算的人。

寫下這些事時，我對自己感到既訝異又失望，事情擺在眼前卻視而不見；又過了一年半，我們才去看神經科醫生。

神經科醫生把我們帶進診療室，問了布萊恩的事和他的記憶問題，還幫他做了簡易心智狀態測驗，然後請他畫一個時鐘。他要布萊恩：**畫一個時鐘並標出全部的數字，指針指在十點十一分**（有些地方檢測時會先畫好時鐘，但通常不建議，我們的神經科醫生也沒這麼做）。

簡易心智狀態測驗最高分是三十分；正常人是二十五到三十分；二十到二十四分代表輕度失智；十三到二十分是中度失智；低於十二分則是重度失智。平均而言，阿茲海默症患者的簡易心智狀態測驗，每年會減少大約二到四分。

布萊恩拿到二十三分。輕度失智。

簡易心智狀態測驗（MMSE）

個案姓名：＿＿＿＿＿＿＿＿＿＿＿＿＿＿＿＿ 測驗日期：＿＿＿＿＿＿

說明：按照以下順序提問。答對一題或做對一件事得一分。

最高分	個案分數	問題
5		現在是哪一年？幾月？幾日？星期幾？什麼季節？
5		我們現在哪裡？哪個州？哪個郡？哪個城鎮？哪間醫院？幾樓？
3		緩慢且清楚地說出三樣不相關的東西，然後要求個案重複一遍。說對一樣給 1 分。重複多次直到個案全部記住為止。重複＿＿＿次才記住。
5		100 連續減 7（93，86，79，72，65），到第五次停止。 或是：倒著說「台灣銀行」。
3		問個案記不記得剛剛說的那三樣東西？
2		拿兩樣物品給個案看，如手錶和鉛筆，問個案：「這是什麼？」
1		請個案複誦「吃葡萄不吐葡萄皮，不吃葡萄倒吐葡萄皮」。
3		遞給個案一張白紙，向個案說明：「用右手拿起紙，對摺，然後放在地上。」
1		請個案念出紙上的指示並照做。 （紙上寫著：閉上你的眼睛。）
1		請個案任意寫下一個句子（句子需包含一個名詞和一個動詞）。
1		拿給個案一張白紙，請他描繪以下圖案。十個角都必須畫出，其中兩個角相交）。 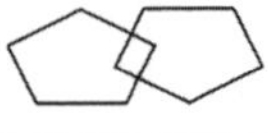
30		總分

中文(台灣)版蒙特利爾智能測驗MoCA

姓名：　教育程度：　出生日期：
性別：　測驗日期：

項目	內容	分數
視覺空間/執行	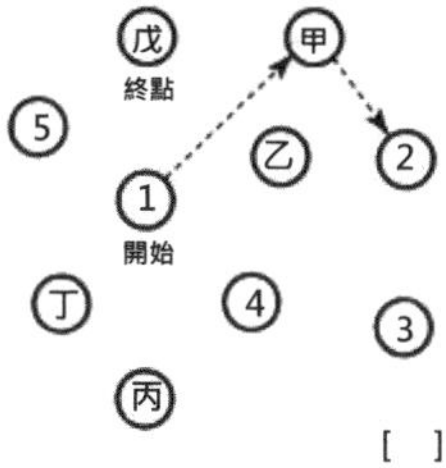 [ ]　複製立方體 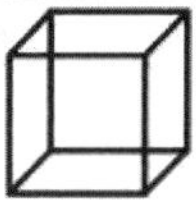 [ ]　畫時鐘（11點10分）（3分）[ ] 形狀 [ ] 數字 [ ] 指針	___/5
命名	 [ ]　 [ ]　 [ ]	___/3

記憶	讀出右方詞語，由受測對象複述。上述步驟重複兩次。五分鐘後再測能否回憶。		臉	絨布	教堂	菊花	紅色	不計分
		第一次嘗試						
		第二次嘗試						

項目	內容	分數
專注	施測者讀出右方數字 (每秒讀一個).　受測對象需要順序背出數字[ ] 21854　受測對象需要倒序背出數字[ ] 742	___/2
	讀出數字。當施測者讀到1時，受測者輕輕拍一下桌面。如錯誤兩個或以上，沒有得分。[ ]621398117652161645111719861 12	___/1
	從100開始連續減7　[ ]93 [ ]86 [ ]79 [ ]72 [ ]65　4或5次正確: 3分, 2或3次正確: 2分, 1次正確: 1分, 0次正確: 0分	___/3
語言	(國)我知道今天來幫忙的是小吳[ ]　(台)我知影今日來幫忙ㄟ是蔡桑[ ]　(國)當狗在房間時，貓總是躲在桌子下[ ]　(台)狗那置咧房間內，喵總是密置ㄟ桌仔腳[ ]	___/2
	流暢度/一分鐘內說出最多個水果的名字　[ ] ____ (≥11個即得分)	___/1
抽象概念	共通點：例如：香蕉-橘子 = 水果　[ ]火車-腳踏車　[ ]手錶-尺	___/2

延遲記憶	在沒有提示下答出	臉孔	絨布	教堂	菊花	紅色	只有不需提示而能記得的詞語才得分	___/5
選擇性使用	類別提示							
	多選提示							

項目	內容	分數
定向	[ ]日期 [ ]月份 [ ]年份 [ ]星期 [ ]地點 [ ]城市	___/6

正常 ≥ 26 / 30　　總分　　如接受的教育 ≤ 12年則加1分

施測人______________

簡易心智狀態測驗：分數解讀

評量標準	分數	解讀
單一畫分異常	<24	異常
範圍	<21	失智症機率較高
	>25	失智症機率較低
教育程度	21	國中學歷者認知異常
	<23	高中學歷者認知異常
	<24	大學學歷者認知異常
嚴重程度	24-30	無認知衰退
	18-23	輕度認知衰退
	0-17	重度認知衰退

資料來源：

- Crum RM, Anthony JC, Bassett SS, Folstein MF. Population-based norms for the mini-mental state examination by age and educational level. *JAMA*. 1993;269(18):2386-2391.
- Folstein MF, Folstein SE, McHugh PR. "Mini-mental state": a practical method for grading the cognitive state of patients for the clinician. *J Psychiatr Res*. 1975;12:189-198.
- Rovner BW, Folstein MF. Mini-mental state exam in clinical practice. *Hosp Pract*. 1987;22(1A):99, 103, 106, 110.
- Tombaugh TN, McIntyre NJ. The mini-mental state examination: a comprehensive review. *J Am Geriatr Soc*. 1992;40(9):922-935.

神經科醫師還問了布萊恩其他問題，也問了我一些問題，我很抱歉必須當著他的面回答（即便在診療室裡，我還是很難抵擋想把問題減到最少、把一切變得正常的渴望。但我說，對，他確實會忘東忘西，確實會重複剛剛說過的話，然後四十五分鐘之後又再提起。他也抱怨過自己的平衡感有問題）。簡易心智狀態測驗，他做得有點吃力。他知道現任總統是誰，但說不太清楚現在是幾月或什麼季節。醫生要他用一百連續減七時，他說：

「我不可能會這題。」第一次看診完，神經科醫師讓布萊恩做了一堆血液檢查，還說他可能需要做核磁共振。我們離開時，醫生又說：「核磁共振一定要做。」

珍惜你還擁有的

冥想對布萊恩來說大有幫助，因此對我來說也是。我的冥想是園藝，但布萊恩比較老派，中斷很長一段時間又重拾冥想，這幾年還去上耶魯大學的正念冥想課。他十點起床，帶著我替他準備的午餐出門，結果一個小時後就回到家。原來他跑錯了地方。他跑去麥迪遜鎮一間他去過幾次的冥想中心，但今天的上課地點在紐哈芬的耶魯大學，也就是平常上課的地方。他很氣自己，說他要上樓自己冥想。我跟他說我很抱歉。走出去時，我看見他沒關車門。我替他關上，然後大喊說我去外面整理花草。

隔天，我們要跟布萊恩的耶魯老同學到附近吃早午餐。我通常是記日期的人（沒辦法，因為我在乎），眼看只剩二十分鐘，我必須不斷催促他，才能在十一點準時赴約。我們倆都精心打扮，也很期待。布萊恩期待跟好友聊聊耶魯的過去和現在，我則是因為早午餐是我最喜歡的一餐，而且那間餐廳是水上餐廳。我們開車抵達後，卻連一輛車也沒看到，店裡一片漆黑。布萊恩下車查看，甚至跑去隔壁看，同樣是一片漆黑。我查看手機。原來我記對了星期幾和時間，卻提早了一個**月**。

我連聲道歉，因為我像平常一樣催促他，卻把事情搞砸了。他和顏悅色，一派輕鬆，先是笑了笑，然後親親我的鼻子。坐回副駕駛座，他說：「天氣真好。我們無事一身輕。世界就是我們的牡蠣（譯註：典出莎士比亞，指世界任我予取予求）。」後來我們決定去附近一家館子尋找我們的「牡蠣」，那裡的地瓜薯條和希臘蛋捲很好吃。最後我們真的去了，窗戶正對著停車場，咖啡很淡但熱騰騰，我丈夫跟我擠在雅座的同一邊。有幾個小時的時間，世界確實就是我們的牡蠣（我知道，**珍惜你還擁有的**〔譯註：Ring the bells that still can ring，出自李歐納．科恩（Leonard Cohen）的歌曲“Anthem”〕）。

下個週末是我們只相隔一天的生日，六月十八和十九。我發現我幾乎想不起來我知道我們曾經度過的快樂生日，因為陣陣悲傷狂潮將它們沖得七零八落。以前，我一直以為悲傷狂潮代表情緒的高低起伏，但原來實際上更像是真正的浪潮，而且還是大西洋上的灰綠色巨浪。壯闊，猛烈，帶著鹹味，而且狡猾，把你舉起來丟到別的地方，你卻沒有因此變得更強大。

我們在一間有點高檔的水濱餐廳慶祝我的生日。從服務生來幫我們倒水，我就開始流淚，先是躲在大菜單後面偷哭，後來又去洗手間哭了一會兒。走出來時，我看見布萊恩一臉擔憂，但並不覺得沮喪或抱歉。我不知道自己為什麼哭得這麼厲害，哭到停不下來。幾個月前，他送我一件很貴但也很怪的禮物。那是一件混色連帽棉織衫，旁邊還有薄紗花邊，要價五百美金。至今我還是不懂那是怎麼回事，他為什麼會想買那樣的衣服給我。我通常都穿黑色襯衫配牛仔褲，有時也穿深藍色襯衫，偶爾會穿白色。我們在一起那麼多年，布萊恩從來沒買過有褶邊、荷葉邊或薄紗之類的衣服給我（很明智）。直到現在，我都很訝異當時自己怎麼沒有看著那件衣服，然後想到：

「你一定是得了阿茲海默症。」這兩年來他送我的卡片都很奇怪，比方上面的圖案是頭戴亮片帽子的活潑倉鼠。他以前的字跡跟他的職業（建築師）一樣講究工整，現在則是歪歪斜斜，其中一張卡片表達的情感呆板生硬（**妳是如此的美麗、貼心、風趣、善良**），另一張我每次讀還是會傷心又懊悔地縮成一團，上面寫著：**我答應會對妳好一點**）。

我提議去市區慶祝他的六十六歲生日，然後開心地過上一夜。我總覺得我們還應付得來在外頭過夜，也希望開心並非遙不可及。當時我們還沒跟神經科醫生約時間，但我有山雨欲來、火車轟轟駛過、小鳥驚飛四散的不祥感覺。布萊恩說好，於是我們去了市區。兩人住進漂亮的旅館，欣賞庭院，休息梳洗。布萊恩問我他需不需要盛裝打扮，我聳聳肩。其他女人告訴我，他們的老公年紀愈大愈有這種傾向，無論什麼場合都只想穿T恤和運動褲。我注意到一些外表很不搭的異性戀夫妻，女的一身晚禮服加高跟鞋，男的卻隨便穿件乾淨的馬球衫、再繫上腰帶就出門了。我嫁給一個擁有兩套晚禮服、四組領扣跟好幾條寬腰帶的男人，但這兩年我們卻常常討論他要隨便穿還是著正式服裝。我盡量好聲好氣地說：「親愛的，你想怎麼穿就怎麼穿，你是個英俊的男人。」他穿上白襯衫、牛仔褲和休閒西裝，戴上他最近買的眼鏡（這幾年，他的臉看起來是如此脆弱又缺乏自信，所以我求他重新戴上眼鏡。他說他不知道把眼鏡放哪去了，後來他開始天天戴眼鏡，我們都覺得他又有了適當的武裝）。穿戴整齊後，他看起來跟我們婚禮那天沒有兩樣——瀟灑、大方，面對自己和世界都從容不迫。

我們到一家很貴的義大利餐廳享用一頓安靜而美好的晚餐，每道菜都吃得很開心。先上了 Trofie nero（墨魚特飛義大利麵），中間的料理我忘了名字；甜點，布萊恩點了 crema al cioccolato（巧克力醬），他要我點 mille-feuille（千層酥），同樣放了很多巧克力，我們吃得很慢。回飯店我們大都用走的，後來我腳痛，於是說：「咱們叫計程車吧。」布萊恩說，再走一下，我們又走了一會才停。他看著我說：「想叫計程車嗎？」我說：「對，我想坐。」於是他舉手叫車。我心想，我們都決意共度一段美好的時光。

回到旅館，我們開始做愛，然後布萊恩說：「我很抱歉，沒辦法。」我說沒關係，是真的沒關係。這是我們的最後一次。

我們親吻對方，相擁而眠。

隔天回到家，我們之間又出現把對方惹毛的對話。我跟布萊恩說，我要去除野餐區的雜草（碎石縫隙冒出一堆雜草）。他開始重複以前的話，說他六個禮拜前在上面多鋪了一些碎石，但後來打住，因為那害他的網球肘變嚴重。上一次我聽他提起網球肘是五年前，但他其實不打網球。我們的野餐區很大，凹凸不平，這裡一堆、那裡一堆碎石，好像有一隻大田鼠在底下挖地洞。布萊恩認為我們需要更多的碎石，踩起來才穩固。他說我們應該請人把碎石運來，順便幫我們鋪平。我同意，但我說現在我們負擔不起這筆花費（加上我不想再多管一件事，既然我們沒錢請專業的來，那麼無論用什麼方法，一定是我跟另一個幫手一起弄。但我只想把錢花在買衣服鞋子上，那才是我真正想做的事）。我跟他說，我要去除草，把碎石路鋪平。他跟我說，我們需要更多石頭。我告訴他我同意，但我們負擔不起。我跟他說這件事我會處理，他說我們需要更多石頭。我確定我的臉色不是太好看。他說：「妳要我去弄嗎？」我嘴上說不用，心裡卻不這麼想。我真正想的是：「好。如果你可以像兩年前那樣，先測量野餐區有多少立方碼，然後跟我討論碎石的大小直到我想尖叫——對，那樣會很好。」但不是現在。現在那不是我想要的，因為要不我得從頭到尾管東管西、怕這怕那，要不就是把所有的工作一肩扛。所以不了。我回到我的辦公室吃司康，讀推理小說，希望能釐清思緒，真正幹些活。

我自己做了些功課，也看了不少探討這個過程的英語影片（包括二〇一一年以泰瑞．普契特〔Terry Pratchett〕爵士為主角的紀錄片；普契特在二〇一五年死於阿茲海默症）。有些影片奇妙地振奮人心，有些悲傷得令人難以承受，但對我來說，程度都比不上我之後要面對的悲傷。我也偷偷看了《我想念我自己》（*Still Alice*）兩次。演員朱莉安．摩爾（Julianne Moore）美麗又有天分。劇中的角色愛麗絲風情萬種、心腸好又有智慧，我還滿喜歡這部電影的，直到我發現自己被她的討人喜歡和不敗魅力給激怒，但最後，當過去的她努力藉由之前的錄音引領現在的她自我了斷時，我再也不忍心看下去。我進進出出房間好多次，每次都希望愛麗絲帶著筆電走去梳妝台，放好放穩，同時不要把藥丸掉到地上，而是想辦法吞下去，達成比較清醒時的她期望完成的事。這部電影，我是趁布萊恩出去工作或散步時斷斷續續看的。除了這些，我只看真人實境秀，布萊恩對這種節目嗤之以鼻，裡頭每個角色都很沒料，不然就是看擅長捕捉階級衝突笑點的英國喜劇，以前布萊恩也喜歡看。

隔天早上，布萊恩醒來就說肚子痛。他覺得是便祕，但又說自己有排便，所以我們不知如何是好。他說摸肚子的時候會痛。

我：也許是盲腸炎。

他：不是。

我（心想：**為什麼你這麼固執又可笑**？）：你可能——

他：我認識妳之前就割掉了盲腸。

我：疤在哪？

他：妳自己看。

他像隻白色海獅展開身體，伸手去摸肚子上的疤。

於是，他出門前往離家五分鐘車程的緊急護理中心。他堅持要自己開車去。我不放心讓他自己去（這是我最後一次讓他這麼做，現在看醫生都由我陪同），但他還是把車開走了（十四年來，每次他開車出門都會按喇叭，因為他喜歡我盡可能站在門廊跟他揮手道別。他把我變成一個會站在門廊上揮手道別的人，我會對每個從我家車道開車離去的人這麼做。所以現在看到有人送客時不這麼做，我總覺得少了什麼，儘管我從前也不送客）。大約一小時過後，我才接到他的電話。石溪緊急護理中心有個人（醫生？護士？醫師助理？）跟他說了一堆東西，但他跟我複述的多半有誤（我認為，但也許沒錯），我聽了差點沒嚇昏。

「要緊急做核磁共振？為什麼？」

「我不知道。」

我沒能跟那個叫他到紐哈芬做檢查（我認為是超音波、膀胱尿量掃描和血液檢查）的醫師說上話。我以紐哈芬為家已經四十年，尖峰時間那裡對我來說有如羅馬，混亂、危險，很難一個人穿梭來去。半小時後，我跟兩名患者有約（三年前布萊恩提早退休，我開始重操舊業，在石溪村的小辦公室幫人做心理治療，很聰明地預見我們日後會需要用錢，卻很愚蠢，沒有在當下就去找神經科醫生）。治療的空檔，我打電話給人在紐哈芬的珍妮佛，她是我的助理也是好友。當她問我要不要她去急診室找布萊恩（他可能在那裡做緊急核磁共振也可能沒有，人可能在那裡也可能不在），我哭著謝謝她。後來她在急診室找到他人，並留下來陪他。之後三小時，她不斷打電話並傳簡訊給我，每次都讓我很安心。布萊恩根本不需要找專科醫生，也沒有在做核磁共振，根本沒這回事，他沒有入院接受治療，也不是什麼嚴重的問題。後來她說，我們就在那裡閒晃，聊得很開心。「妳知道我跟布萊恩什麼都能拿來說笑。」她說他處理得很好，只是有時會忘記醫生說的話。

我氣炸了（這些日子以來，不管是在急診室或其他地方，我跟布萊恩都不會開懷大笑）。我想跟她說，聽不懂醫生的指示，怎樣都不能算是「處理得很好」，但我哭得太慘，只能謝謝她拔刀相助。

結果是憩室炎。這十天只能吃清淡的熟食，白吐司夾細滑花生醬可以吃，但不能吃花生或爆米花。珍妮佛跟我保證，布萊恩拿的憩室炎資料袋裡，有一張單子列出他服用抗生素期間能吃的食物，還有一些米飯/乳製品/雞肉的食譜。結果沒看到單子。我又生氣又害怕，趕緊上網問谷歌大神，之後再去超市採買。這樣的三餐很乏味，尤其對一個熱愛西班牙香腸、哈瓦那辣椒醬、四川辣油和大力水手炸雞的男人來說。我很同情他，不斷拿米飯、水果罐頭、起司、優格和烤雞給他。當他第三次問我「巧克力可以吃嗎？」，我說了不行就跑去廁所哭。十四年前，他就不是個會追著我跑出來的人，現在更不會開始這麼做。

隔天一開始氣氛較為平和，但之後又出了狀況。布萊恩覺得病情沒加重，所以去了健身房，順便買他車上的 Garmin 導航機的充電線。我們之前直截了當談過他需要一個新的衛星導航，而不是現在的老舊版本，因為裡頭似乎少了一些重要的小路地圖。他自己一個人跑遍東康乃狄克州，最後終於找到他需要的充電線。他固執得不得了，我很佩服他，但他一去五個小時把我嚇壞了。我恭喜他買到他需要的東西，跟他說我幫他準備了口味清淡的食物。我不知道該不該把他的車鑰匙藏起來，或是不久之後，他每次開車我們都得協商一番（後來確實如此）。

晚一點我坐下來工作時，布萊恩打電話給我，說他在我們家附近的超市弄丟了車鑰匙（還有購物車裡的雜貨）。我去接他回家，但我們沒去把購物車找回來。晚餐前，超市經理打電話通知布萊恩車鑰匙找到了，**可是**布萊恩從不檢查語音信箱，所以沒收到。我猜是車鑰匙找到了，就跑去問經理，他說鑰匙確實在他們那裡，**但**他不能把鑰匙交給我，因為我並非本人。我只好回家去接布萊恩，**可是**他正在看瑞秋・梅朵（Rachel Maddow）的節目，不想去。我想去，我想把事情搞定。我想把該死的危機乾淨利落地解決，而且今天就解決。最後弄得兩個人都不高興，但我們還是去了趟超市。我跟他一起走進店裡，布萊恩跟那位經理有說有笑，幾分鐘後我們走出來，布萊恩搖著手上的鑰匙邊吹口哨。我並沒有因此而鬆一口氣。

二〇一九年七月十八日星期四，石溪村

核磁共振檢查

布萊恩八點四十五分要去做核磁共振檢查，眼看只剩十五分鐘。我們六點半就起床，布萊恩躺在床上抱怨了一會兒他的手機。吃過早上的藥之後，他說想去沖個澡。我鼓勵他去，因為他有嚴重的頭皮乾癬，唯一能阻止乾癬蔓延到眉毛、在鼻子周圍爆發開來的，就是他每天使用的藥用洗髮精。

「每天使用乾癬洗髮精」這個話題在我們之間已經持續了一年半。回想起來，為了要他持續做一件他十四年來幾乎每天做的事，我們有過太多緊張焦慮的對話。布萊恩是個英俊的男人。每次去參加他的耶魯同學會，都會有身材苗條、多半嫁給其他校友的金髮女郎把頭髮一甩，說（即使我們都有年紀了）：「哦，妳跟布萊恩．阿梅奇

在一起啊？妳知道他的綽號叫**雷神索爾**……？我認識他的時候，他們告訴我的。」

我丈夫一向打扮帥氣，身上散發宜人的氣味，對自己的英俊長相、壞壞的笑容和一頭濃密的深色頭髮感到自負。我並不介意他的虛榮面，因為沒有到過分的程度，而且這一面他只會跟我分享。大概一年有一次，他會抓著自己的肚皮說：「如果不用錢，我會去做腹部拉皮手術。」動過白內障手術之後，他拉我進去廁所照鏡子，說：「妳看我的眼袋，妳怎麼都沒告訴我。」六個禮拜後，他去動了眼袋手術。我們一起出去吃晚餐時，看著跟他一樣年紀的男人在眼前來來去去，就算我們吵得正凶，他也會咧咧嘴，輕拍我的手，問說：「妳覺得我怎麼樣？」每次我聽見都會哈哈大笑。我不懂現在為什麼我得叮嚀他：「親愛的，要洗頭髮。」或是「去沖個澡，親愛的。」

現在我懂了。因為懂了，我多麼希望那只是中年男人好逸惡勞，或是退休之後心情鬱悶，或是男人被嘮叨之後的常見反應。

結果並不是。我做了一些功課，據我所知（做完核磁共振後，隔週我們會去找神經科醫生看報告），那是輕度認知障礙，亦即對初期失智症的一種非常委婉的說法。

所有醫學網站都強調，不是所有輕度認知障礙都會變成失智症。對部分人來說，那只是一種腦霧症狀，儘管久久不散，慶幸的是不會繼續惡化。

我把鏡子轉向中度放大鏡那邊（在洛杉磯時，有位化妝師告訴我，如果你的鏡子可以放大超過三倍，你就永遠別想出門了），塗上睫毛膏和保濕霜。我並不期待核磁共振中心的技術員會因為我化了妝就比較喜歡我。我非常確定他們才不在乎，但以前我當過酒保，知道沒人喜歡問題顧客（大嗓門，穿拖鞋，毛衣沾了食物，身上其臭無比）。只要打扮得乾淨清爽即可，再多也不必要。布萊恩一直是我們得到最佳顧客服務的不二人選。他高大又英俊，而且每次都笑容可掬地說：「謝謝你的幫忙／建議／付出的辛勞。」有一次我們去星巴克，遇到一位正在受訓的咖啡師，跟我們年紀相仿，一副很吃力的模樣。他把咖啡遞給我們之後，布萊恩在小費箱投了五塊錢，然後低聲說：「你做得很好。別讓那些小屁孩影響你。」那個男人感動到差點沒親他。

布萊恩在樓下喝茶，我還在樓上磨蹭，仔細端詳鏡中的自己。古銅膚色下的我其實灰沉又黯淡。我可能是我那些命運坎坷的祖先之一，面對的是槍砲、運畜車或是燃燒的村落。我穿著白襯衫和深藍色長褲，因為現在是康乃狄克州的夏天，頭髮梳得規規矩矩（我跟我女兒稱之為「升級版」馬尾，以前我都用盤髮器幫女兒綁這種髮型，我的大女兒也幫她女兒綁這種髮型，但我沒有因為這種高級馬尾代代相傳而感到欣慰，反而淚水盈眶。升級版馬尾，別鬧了，老太婆）。就算塗上粉紅色唇蜜，我看起來仍像是孟克畫作中的女人。現在我知道那些濃妝豔抹的老女人是怎麼回事了。妳對著鏡子，跟平常一樣畫了眼睛、臉和嘴巴，但回望妳的仍然是一個死去的女人。見鬼了。妳把眉毛塗黑，臉頰塗紅，淡色唇膏換成亮一點的顏色，然後走到外面的世界，心想自己至少看起來不至於太灰暗。但我還是一樣灰暗。

我穿著白襯衫和內褲走來走去，因為我不確定穿深藍色長褲合不合適。或許這就像設法在機場得到升級。說不定核磁共振中心有貴賓室。我知道沒有，而且我們周圍果然坐了三個看起來疲憊、氣憤又病懨懨的人。布萊恩上樓來看我動作怎麼那麼慢。他說我很漂亮，拍了拍我的屁股，我的心一沉。下樓之後我假裝忙碌，在樓梯轉角又哭了一會兒。

我們都很緊張，但出門時感覺跟平常差不多。他拿著手機、皮夾、蛋白能量棒、車鑰匙和太陽眼鏡走出來。我建議他把東西放進肩背包，才不會弄丟東西或忘了拿，最後也不會變成都是我在幫他拿。於是他去取了肩背包，我鬆了口氣，卻也很難過。為什麼他不能繼續跟平常一樣散漫隨性？為什麼他非得覺得我的腦袋比較清楚？我確實腦袋比他清楚，但十四年來都是如此，從來也沒什麼改變。

到了核磁共振中心，技術員親切和善，但也一臉無聊。我找了一些能讓腦部核磁共振檢查稍微輕鬆的方法。我帶了兩張比爾．艾文斯（Bill Evans）的ＣＤ，以及我的手機能使用的頭戴式耳機，以免他們不讓我們放ＣＤ。一臉無聊的女孩說，不能戴耳機，接著又稍有朝氣地說明：「這樣耳機會壞掉。」我不禁詢問，如果是在耶魯做核磁共振是否可以聽音樂，答案是可以。我責備自己怎麼那麼自私，選擇了離家近、過兩個交流道就能抵達、停車比較方便的地方，而不是紐哈芬市區，去那裡檢查雖然麻煩，至少布萊恩可以聽音樂。他問穿刷手服的女人，對服用安定文錠有什麼建議。

「我們不提供鎮定劑。」其中一個說。

「我知道。」我說（應該是用吼的）：「我從家裡帶了安定文。」

另一個年紀較大的女人一本正經地說：「醫生開的藥他都能吃，但我們不能提供任何建議。」

「瞭解。」我說，腦中已經開始在寫投訴信。沒有人沒事會來做腦部核磁共振，這裡卻一點安慰或關心的話語或眼神都沒有。

有些網站上說，用毛巾蓋住眼睛有助於放鬆。我帶了一條毛巾來，這才對音樂和自己稍微釋懷。布萊恩吃了安定文之後躺了下來，用毛巾蓋住眼睛；我則拉一張塑膠椅坐下來，我們用耳塞塞住耳朵，抵擋巨大又嚇人、有時像敲打聲的機器運轉聲。我抓著他的腿。聲音暫停時，我大喊：「挺住，親愛的！」「你很棒。」從頭到尾，我一直按著他的大腿，有時碰一下他的腳，這時他會扭動腳趾回應我。這就是我認識的布萊恩：鎮定地接受核磁共振掃描，不忘動動腳趾，偶爾跟著聲音打節拍，讓我知道他還在。

這就是我即將失去的人。

每天都起起落落（用**雲霄飛車**來比喻太過刺激，其實一點也不刺激。起跟落同樣令人痛苦，尖叫並不明智，過程也不快速）。

等待核磁共振的報告期間，我們跟我姊姊和姊夫一起去吃晚餐。我們姊妹感情很好，四個人在一起總是很開心。這次我們在他們的鄉村俱樂部用餐，我在那樣的地方從來無法自在，但那裡的餐點美味，而且我們很高興能夠相聚。布萊恩因為父母曾在費城主線區（譯註：費城西北部的一個富裕郊區）短暫發達過，在鄉村俱樂部消磨過不少時間；加上他也設計過鄉村俱樂部，在這樣的環境裡，他一向自在，甚至興致高昂。一切都很美好而正常。布萊恩點了兩道開胃菜、一道主菜和一道甜點。飲食習慣節制而健康的姊夫搖搖頭，三分之一是不認同，三分之二是由衷的讚嘆。他們的一個朋友過來打招呼，姊姊和姊夫介紹布萊恩給他認識（對方本來就認識我）。我們快吃完時，那個人又帶著太太過來聊幾句，我發現（雖然我寧可沒發現）布萊恩又跟對方自我介紹，彷彿第一次見到對方。這是那天他唯一遺忘的時刻。

回家途中，我跟布萊恩像過去那樣聊起（以前我們常這樣閒聊）姊夫最近動的髖關節手術。布萊恩動過兩次髖關節手術，所以很樂於扮演過來人的角色。我們都認為姊夫應該跟布萊恩之前一樣，繼續做物理治療。但萊斯已經表達過他興趣缺缺，我姊也是。當初布萊恩比建議的最短時間多做了一個月的物理治療，而且效果卓著，我們聊到這兒都覺得開心又慶幸。整體看來，除了開車的人是我，因為現在幾乎都是我在開車，他的判斷力似乎都正常。布萊恩現在開車喜歡隨時保持低於速限五到十哩的速度（這樣的判斷或許非常正確？如果你知道自己有決策障礙，開慢一點、減少事故發生的機率，肯定是合理的選擇）。由我開車，就不用擔心他在我們每週都會經過的十字路口，難以決定要往哪裡轉彎。一路上，如同我們大部分的行車經驗，氣氛融洽，也頗為愉快。我很清楚，用我的大恩人韋恩的話來說，在車上睡著、像個孩子一般裹著毯子、駕駛座上坐著開車技術比我好的丈夫，那樣的事已經遺落在另一個國度。

我們回到家，然後上樓。以前家裡負責「巡邏」的一直是布萊恩，包括鎖門、關電視、關廚房燈。現在他上樓時會打開所有的室外燈，這是幾個月來他的新改變，但我沒說什麼。因為第一，我很努力不再跟他爭辯；第二，誰知道呢？或許在這個小村子，打開室外燈是聰明的作法。說不定這樣能阻止東哈芬的小鬼摸進我們停在車道上的車子——要是我們忘了鎖車的話（長眼睛沒看過這麼好心的小流氓。他們甚至不會打破你的車窗，只會打開沒鎖的車門溜進去，把你放在車上的東西摸走，然後關上車門，開自己的車子揚長而去。我發現自己很難對這樣的行為感到憤怒或害怕，但我還是每晚鎖車。布萊恩就不是了，現在他有時不僅沒鎖車，連車門都沒關好）。

在房間裡，我認出正常生活的嗡嗡聲響，雖然沒有完全放鬆，但我喜歡這樣的感覺。我們刷了牙，對彼此微笑。他補充了維他命B_{12}，我希望那是一切問題的答案，又很怕不是（缺乏B_{12}的症狀很怵目驚心：自殺念頭揮之不去，皮膚變黃，嚴重失智。布萊恩沒有這樣）。我們換下外出服，把裝飾用的靠枕堆成一堆。我爬上床，布萊恩把調鬧鐘的遙控器遞給我，說我想看什麼自己轉。我腦中的嗡嗡聲響停住。我把銀色遙控器還給他，說那不是電視遙控器。他默默接受。我爬起來，在地上找到電視遙控器。兩人都沒說什麼。我不知道他是不是覺得這沒有什麼大不了，從他的外表看來是這樣，還是他每天都在努力抵擋精神一點一點崩壞。我們看了一集《荒唐分局》（*Brooklyn Nine-Nine*），我說：「我好愛安德魯・布瑞格（Andre Braugher）。」布萊恩說：「我也是。」

二〇一九年八月十五日星期四，康乃狄克州紐哈芬市

我們終於去看了第二次神經科醫生。抵達時時間還早，坐在玻璃後面的祕書／櫃台人員對我們點點頭。只見兩個穿著相同格紋襯衫的男人頹然坐在候診室裡，頭靠牆壁，一個年老，一個年輕。候診室很小，我們得把腳縮進座位底下。

美國約有六百萬名阿茲海默症患者，其中不包括有輕度認知障礙的人士。這些人日後未必會惡化（根據統計，輕度認知障礙八成會在七年內演變成阿茲海默症，儘管一般建議每六個月重新評估認知功能，沒有網站能告訴你為什麼要那麼常重新評估，就如同沒有經美國食品藥物管理局認可、治療輕度認知障礙或延緩其演變成阿茲海默

症的有效方法，也沒有治療阿茲海默症本身的有效方法）。這六百萬人，不包括受過頭部外傷的人，儘管頭部外傷常常導致某類型的失智，或是目前罹患其他不同種類失智症的人，其惡化程度不亞於阿茲海默症，但是發展過程可能不同。這六百萬人有將近三分之二是女性。照顧阿茲海默症患者的人，也有將近三分之二是女性。無論是患者或照顧者，都以女性居多。

六十幾歲的女性罹患阿茲海默症的機率是乳癌的兩倍。失智女性為什麼比男性多，眾說紛紜，但只是理論。比方女性壽命較長，因此活到八十幾歲的女性較多，得到與老年相關失智症的人數自然更多，而男性若沒有在六、七十歲死於心臟病，可以一直活到八十幾歲，身體通常比同齡女性還強健，後者多半抑鬱不樂也無運動習慣。二〇〇五年，有一項針對女性對雌激素和黃體素的反應追蹤長達四年的研究。二〇一四年，研究員對猶他州鄉下婦女進行荷爾蒙療法的試驗，想知道無論其健康、富裕和教育程度為何，女性的大腦是否會對荷爾蒙療法產生反應。結果發現，荷爾蒙療法確實對許多女性幫助甚大。荷爾蒙療法也可能使得女性較不容易罹患阿茲海默症。

「降低患病機率」是阿茲海默症社群常見的一句話；睡眠充足、多吃藍莓、玩字謎和其他有益身心的活動，都是常見的建議。但沒有任何醫學網站宣稱，這些有益身心的活動確實能預防阿茲海默症。

我並未受過相關的科學訓練，沒有資格評斷這些理論。另一方面，無支薪的失智症照顧者有三分之二是女性，卻很少人提出理論剖析其原因，因為根本不需要。科學家對這種現象甚至不感興趣，不認為有必要提出理論。我不怪他們，誰會不知道原因？負責照顧失智症患者的人當然是妻子、姊妹或女兒。甚至那些為病患家屬和照顧者提供幫助的網站，似乎也傾向將女性設定為主要照顧者。

以下摘自某失智症網站的資料，建議如何鼓勵有記憶問題的人去看醫生。

跟對方說起你的煩惱時，要注意的事項：

- 委婉地提起這個話題。提醒對方，記憶問題不必然等同於失智。

- 對話過程中，盡量體貼對方、支持對方。傾聽他們提出的理由和表達的恐懼。
- 讓對方知道你爲他們擔心。舉些實際的例子，例如：沒去赴約、東西亂放、忘記人名。
- 把大問題切割成一個個小問題，聚焦於其中一個問題。例如：「我發現你最近常忘記朋友的名字，去看家庭醫生也許會有幫助。」
- 記下發生的事件當作證據。這樣日後就能跟對方證明你的擔心其來有自。去看醫生時，這份記錄也會派上用場，因爲醫生可能會想瞭解病程。
- 把焦點轉向家人和朋友的支持。例如：「如果你去看家庭醫生，我們說不定能得到額外的協助，這樣我也能鬆一口氣……」

這些我全都不反對。比方：

- 讓對方知道你爲他們擔心。舉些實際的例子，例如：沒去赴約、東西亂放、忘記人名。

• 把大問題切割成一個個小問題，聚焦於其中一個問題。例如：「我發現你最近常忘記朋友的名字，去看家庭醫生也許會有幫助。」

我可以想像一個妻子，從各種不同的角度提醒不僅僅是健忘的丈夫，比方溫柔地表達擔憂：「親愛的，我以為你今晚有讀書會。你怎麼沒去？」或是激起他的罪惡感：「我的車子爆胎，但都聯絡不到你，你沒帶手機。」或是指責：「我跟你說了六次把垃圾拿出去，你還是沒拿。」畢竟問題變來變去，方法也該跟著變，但你總是慢半拍。你要如何判斷**忘了**、**記不住**、**不記得**的有意義差別何在？我說「**我可以想像**」，那是因為那個妻子就是我。我花了三年時間，釐清我的丈夫變成什麼樣的人，還有偶爾當他變回原來的他，教人又感激又欣慰時，為什麼我們還是留不住他。

• 對話過程中，盡量體貼對方、支持對方。傾聽他們提出的理由和表達的恐懼。

我不確定當丈夫或妻子的人，要如何傾聽另一半（合理或無理）的理由和恐懼，做出回應，同時又能從頭到尾遵循上面的指示，體貼對方、善待對方、支持對方。布萊恩診斷出阿茲海默症之前兩年，我們之間的爭執出現了變化。其中一個變化是他現在不只會抱怨我很固執（沒錯）、強勢（天啊，我是）、嚴格要求用語精確（我承認），或者有夠潔癖（突然之間），而且這麼多年來他第一次抱怨我說話的語氣。他會說：「不要用那種語氣跟我說話，我不是小孩，我不是妳的病患。」

我不否認我會用那種安撫人、中立的「治療師」語氣說話，如同電視上常呈現的心理治療。我面對他的情緒波動、出人意料的回答、對訊號的錯誤解讀，愈來愈戒慎恐懼。我發現自己常說「我不懂你要表達什麼？」這句話。過去，那或許是一種策略（我確實覺得那比說「你到底在說什麼？」要好），但現在那就是我真正的想法。他會在句子一開頭描述一個問題或情況，最後卻提出一個宏偉的結論或扭曲的譬喻。當我說我不懂的時候，他就會再說一次。而當我試著解讀他的譬喻（「或許你是指……」）時，他會失望又沮喪地說：「我們沒對上頻道。」確實如此，但也非常殘酷。

要是我再問一次，有時他會說我在捉弄他，這時我就會當場落淚。我努力理解，他為什麼對他一直以來不只喜愛也努力追求的事物產生了強烈的抗拒。每個星期一，他都會說他不想再去健身房、讀書會或彩繪玻璃課。診斷結果出來之後，我只說好，但後來他還是繼續上健身房（找教練上課、維持身材，因為每個阿茲海默症網站都建議：**睡眠**、**運動**、**藍莓**）。每個禮拜他還是會去彩繪玻璃教室（他最後一項樂趣，過了夏天，他就知道確實不假）。至於讀書會，我無話可說。他批評我的語氣或許沒錯，但我找不到更好的語氣。

• 記下發生的事件當作證據。這樣日後就能跟對方證明你的擔心其來有自。去看醫生時，這份記錄也會派上用場，因爲醫生可能會想瞭解病程。

我無法想像，如果有天下午伴侶或小孩拿出這本「當作證據的記錄」，要如何才不會陷入尷尬的處境（我要是患者本人，大概會說：「你把這些事都寫下來了？為什麼不直接告訴我呢？」）。網站更進一步建議，假使你的伴侶不肯去看醫生，你不妨自己打電話給醫生說出心中的擔憂，前提是不能違反 HIPPA 法案（譯註：美國保障患者醫療權利和隱私的法案），揭露患者隱私（醫生不太可能在電話中跟你分享患者的醫療資訊，但你也不需要他們這麼做）。再來，當你好不容易跟醫生約好時間，搬出一些不算太虛假的理由（疲勞、重聽、糖尿病前期、關節炎復發）說服伴侶去看醫生，然後把平時的記錄帶進診間，希望上帝保佑你的醫生善於處理這樣的場面。順利進行的話，他們多半會請你找神經科醫生，做一些畫時鐘或簡易心智狀態測驗之類的檢查。

畫時鐘和簡易心智狀態測驗

輕度認知障礙者做這些測驗時，很多地方都可能出錯。最嚴重的是完全畫不出時鐘，或是畫出的時鐘不像時鐘，既不是圓形也不是長方形，上面也沒有一圈數字。失智症患者最常見的錯誤，包括標錯時間、沒有指針、漏了數字、數字重複，以及不肯畫時鐘。畫時鐘測驗至少有十五種不同的計分法，不用是專業人士，也能幫人測驗及評分。大多數研究證明，最簡單跟最複雜的計分法一樣具有參考價值。假如你在畫時鐘測驗表現不佳，那麼你可能有某種認知障礙。若是你畫時鐘毫無問題，那麼你的問題可能不是失智。

第二次看診時，神經科醫生開始進入正題（醫生說，某個優秀的同仁正在解讀布萊恩的核磁共振成像，但醫生還想問些問題）。他說布萊恩的ＩＱ高，ＥＱ也高，能夠察覺他人的情緒。神經老化研究中心（NeuroAging Institute）很期待他能加入他們的研究。高智商加早發性阿茲海默症，在美國顯然跟身材高䠷加金髮一樣搶手。之後醫生開始離題，長篇大論說起神經老化研究中心的工作人員為什麼其實是耶魯人，但已經不算耶魯的一部分，還有如果他們發現阿茲海默症的治療方法（要不是哭到像豬頭，我應該會翻白眼），布萊恩就會因為加入臨床研究而排在第一順位接受治療。我跟布萊恩都接收到了基本訊息：布萊恩可能（醫生的語氣其實很「肯定」）得了失智症。或許是阿茲海默症，可能性很大。我問醫生會不會是血管性失智症，也就是我們都沒發現的大中風所引起的失智，而他正在復元中。她說不是，但他的小腦有些小中風。我打算一到家就去查小腦都做些什麼事。一查才知道，原來**小腦**負責的工作有動作協調、平衡感，還有……開車。

我問醫生，那麼神經老化研究中心是不是提供了另一種看法，代表布萊恩有可能不是阿茲海默症？我看得出來，醫生很抱歉不得不說實話：「不是的，那是為了進行一項可獲取更多資訊的評估。」但那顯然不表示會得到**不同或相反的**資訊。在那個片刻我意識到，醫生要十分自制才能堅守立場，不在這種時候態度軟化。

她問我布萊恩有沒有失禁問題，還要他站起來走一圈。我很確定這是為了確認他的平衡感，但我沒多問（往後三個月，他的平衡感開始出問題，但現在還沒發生）。她叫他繼續長期服用B_{12}；那不太可能是根本的原因，但補充B_{12}或許會有幫助（「反正又不會少塊肉！」我彷彿聽到我爸一邊讀著猶太笑話大全，一邊大喊）。

「看起來像額顳葉型嗎？」我問（我讀的資料說，額顳葉失智症甚至比阿茲海默症惡化更快）。醫生說不是。

醫生讓我們看核磁共振成像，伸手指著布萊恩圓形灰色大腦上的白色斑點。我耳邊響起作家戴安．艾克曼（Diane Ackerman）的句子：**「……大腦，那閃亮的存有之丘，那鼠灰色的細胞議會……那布滿皺褶的衣櫃，自我就這麼被塞進頭顱，像塞進健身袋的一堆衣服。」**

布萊恩的大腦皺褶正在緩慢消失中，健身袋逐漸變空。我看見那些白色空間，大腦就從那裡消失，他自己也是。

醫生的手指輕輕滑過核磁共振成像上的杏仁核。「大概是這裡出了問題。」她說。他的大腦比一般六十六歲的男性小，尤其是杏仁核，腦室又比較大。位在腦幹上方的顳葉深處、一吋長的小杏仁抓住我的視線，立刻把我帶回高中的生物課。我說：「杏仁核……跟情緒、記憶和學習有關？」醫生點點頭，就一次。我提到梅約診所（她連連點頭贊同），網站上寫說，阿茲海默症的整個病程從三、四年到二十年不等。醫生不認同。「八到十年……或許……十二年。但別忘了，他有這些症狀至少有兩年……我會說三年。」現在每個介紹阿茲海默症的網站上都說，阿茲海默症可能潛伏十年，甚至二十年才出現初期症狀。醫生明確表示，對布萊恩來說，這八到十年或十二年就是生命的終點，肉體生命的終點。

如今我已經看了許多記錄阿茲海默症的影片（**誰拍下這種傷痛並放上 YouTube**？**是誰**？即使我非常感激也大受震撼），很清楚自我遠比身體更早走到終點。我看見自己在筆記本上四個不同的地方寫下：**可能是阿茲海默症**。真令人意外，原來我早就非常確定。

藉由把話題轉移到實際層面，醫生暗示我們看診時間就快結束（或許她受不了了，這我能理解。因為布萊恩一動也不動，但他呈現在外的模樣仍跟往常一樣和藹可親，一派輕鬆。我氣到快哭了，難道這就是我們能得到的所有幫助？）。醫生說，布萊恩或許不該再開車，就算有導航也一樣；不是因為他會迷路（我們本來方向感就差，就算有導航，也很少順利抵達我們想去的地方。過去那段美好的往日時光，我們曾經在某旅館的停車場繞了一個小時，還找不到出口在哪裡），而是因為……布萊恩插話：「我可能會出車禍。」「你可能會害別人出車禍。」醫生說。我們都沉默不語。我想週末我們可以在他的手機下載 Lyft，方便他叫車（安裝好之後，他卻搞不清楚該怎麼使用）。

醫生要我檢查他的皮夾，只留下一張信用卡，其他都拿出來，然後把一張寫上我的聯絡資訊的小卡片放進去。醫生好像在描述一個已經無法獨立生活的人。我心想，不可能啊，今天早上我才看見他自己在泡燕麥，加了很多楓糖和一把杏仁，另外也給自己泡了一杯紅茶，把《紐約時報》攤在眼前，一副準備開始工作的模樣。

醫生問布萊恩，他是不是那種會把個資告訴陌生人的人。他笑著說不是，接著又說他是個道地的義大利人，而且天生的疑心病和仇外心理也對他有利。聽到他說出「疑心病」和「仇外心理」這兩個詞，我心想：「看吧?!醫生，妳聽見沒！」

無論多麼抗拒醫生所說的每句話，我也知道布萊恩的世界即將變得小之又小。他最大的一個樂趣是瘋狂大採購，到不同的小市集、起司專賣店，或是找東哈芬某個自己做泰式烤肉醬的老闆娘採買，等待期間老闆娘還會請他吃一包炸香蕉。我們舊家有一台專門放調味料的冰箱。即使到了現在，我大女兒總會說：「你們只有兩個人，冰箱怎麼會從來沒空過？」我說：「還不都是布萊恩，買了一堆布拉塔起司、義大利蒜味鹹臘腸、梅爾檸檬，還有白桃跟本頓火腿。」

醫生提醒我們要打電話給神經老化研究中心，再跟她約時間看診，但不急。回程途中，我建議開去麗茲（一家很棒的義大利熟食店）看看，布萊恩卻說不要。我失望又震驚，就好像週日晚上我主動說要幫他口交，他卻說他寧可看蘇格蘭推理劇。

回到家之後，我們抱著對方哭了一個小時，約定好二十四小時之內不要說太多話。後來我們去了兩人最喜歡的餐廳吃壽司，接待我們的是我們最喜歡的服務生。對方是日本人，有很重的日本腔，但說話方式就像中西部女服務生一樣親切隨和。「兩位今天好嗎？天氣很熱吧？來，幫兩位安排坐這裡？位子舒適嗎？夏天過得開心嗎？」

我們很愛哈里，在那裡度過了美好而不真實的兩個小時。

週末感覺好漫長。我不打算工作。我們取消了訪友的行程，兩人單獨相處。我也讓小孩知道「我們正在消化」，他們明白那就表示：要給我們幾天時間（之後他們各自跟我透露他們在布萊恩身上發現的變化，例如記性變差或重複同一件事，但怕他傷心都假裝視而不見）。我們出門買文具（跟人道**珍重再見**的文具），這樣他就能寫一些卡片給孩子和孫女，走了之後讓他們留念，因為他下定決心要結束生命（「我寧可站著死，也不願跪著活。」他不只一次說。他已經要我開始尋找方法）。後來，他也寫了給他母親和四個兄弟姊妹的卡片，但那時候我開始得要敦促他。

我看中印著蜻蜓的那盒精美小卡。他看中印著面對湖景的門廊，還有四隻可愛小狗坐在躺椅上的小卡。我提醒他我們沒養狗（我們不想養狗。一開始有人建議我們養狗。連我深愛的韋恩都說，或許我們會想養隻狗。我記得我大聲喊說我他媽的不想養狗，我已經有個得阿茲海默症的丈夫、三個小孩和四個孫女，我不需要多找個該死的哺乳動物來照顧。我記得我是這麼說的。韋恩點點頭。「那就不要養狗」）。

在賀曼卡片區（譯註：賀曼是美國最大的賀卡製造商），我跟布萊恩抱在一起大哭特哭了幾分鐘。沒人多看我們一眼。我看中一盒燈塔鋼筆素描的卡片。布萊恩點點頭，指指旁邊那一盒卡片。史努比坐在紅色狗屋上面，對著一台閃閃發亮的打字機狂打字。他說：「這個會讓他們會心一笑。」之後我們又哭了一回，彷彿就在自家臥室一樣，這次同樣沒有人投來擔憂或不滿的目光。我跟他說他真棒，是我心目中的英雄。排隊結帳時，我看見一堆印了髒話的隔熱墊。我拿起上面寫著「窩靠」的墊子給他看，他噗嗤一笑。

我們去隔壁買芒果冰沙，幫我們做冰沙的女孩臉很臭，顯然是第一次弄。在那一刻，即使賀曼文具店旁邊就是空蕩蕩的愛蒂寶（譯註：將水果和插花結合的特色水果禮盒店），我們都覺得這個髒髒舊舊的小廣場，現在是我們最喜歡的地方。

整個週末我們就是哭泣，聊天，晚上追劇。我們不是老古板，但還是不允許自己大白天追劇。白天我們辦正事：除草，到賣場給四個孫女買可愛的洋裝，接近傍晚去看電影。通常我們抱在一起哭過之後就會沉沉睡去，好像挨了亂棒似的。醒來之後，我們討論怎麼整理花園、新聞內容，或是夏日將盡。我們會聊石溪市場的披薩之夜只到勞工節那天，而不是聊布萊恩的病。還有聊孫女，她們就像所有備受寵愛的孫女一樣吃定他，玩他的頭髮，撲向他軟綿綿的肚子，假裝自己是小小橄欖球員，運用滑水動作（據我所知是防守前鋒使用的一種衝刺技巧）繞過他，三個年紀較大的孫女已經駕輕就熟。我們睡著之前，布萊恩說他希望能自己選擇如何死去，還有我可以怎麼幫他。四十八小時後，他就下定了決心，而且心意已決。我們都哭了，我說好，他說：「妳去查查看，這種事妳很在行。」也就是說，當我在查詢解脫國際（譯註：推動安樂死合法化的國際組織）、毒芹協會（譯註：在美國提倡死亡權和協助自殺的組織），以及販售超大塑膠袋和氦氣機供人無痛（他們不斷強調）悶死自己的網站時，我同時也在研究如何在暗網弄到戊巴比妥鈉（十五或二十克，那就很多了）。我還發掘了醫學院朋友的極限，以及一氧化碳中毒的可能性。後者雖然可以用車庫裡的車子來進行，但一九七五年之後就不一定了，因為汽車工業調整了汽車的一氧化碳排放量，後來又利用催化轉換器減少有毒廢氣。再說，我們也沒有車庫。

當我們把所有可能都攤在眼前時，偶爾會有親近的朋友伸出援手或絆我們一腳。有個可愛的朋友說要借我們車庫，我跟她抱在一起哭，但一天之後，她打電話來說她丈夫不肯，害怕風險太大。跟布萊恩很好的一個老朋友，兩人一九七九年就一起釣魚，他跟布萊恩說：「如果你覺得你不需要現在就走，想再等一等，一、兩年之後，我可以在田野裡給你一槍。」布萊恩擁抱了他。他有個弟弟也這麼提議，布萊恩拒絕了，說這樣會害他坐牢，他弟弟聳聳肩，「無所謂，反正我也不常出門。」那一刻我簡直愛死他了。

我去查了「溺死是什麼感覺」（光輸入這句話就會得到一堆結果；很多人有差點溺水的親身經驗。有人說當白色光芒變得更亮時，腦袋就會平靜地蒙上白霧，也有人說窒息過程很可怕，一路都在痛苦掙扎）和「如何投河自盡」。有個人告訴我，他有個女性朋友，七十好幾時罹患了無法開刀的癌症，她在口袋裝滿石頭，然後涉入康乃狄克河；我朋友說，那條河幾乎可以說就在他們家後院。我想了想。或許我們會需要小船，因為沒有河流經我們家的院子。也許我們需要一艘小船？有天晚上，我開始上分類廣告平台 Craigslist 搜尋。之後幾晚，我都夢到跟布萊恩包著厚重的外套，晚上摸黑把小船拖到鄰居的碼頭推下水，然後清醒過來。我要跟他一起下水，還是在岸上跟他揮別就好？要是我不陪他，他要怎麼記得拿出口袋的 Percocet（譯註：含鴉片的止痛藥）來吃，才可以避免痛苦同時保持警醒，從船上跳進水裡？這害我晚上失眠，也毀了我的早晨，但我心想：「或許他會有不同的看法？這就是快要瘋掉的感覺，但就算這樣又如何。」我跟他說，有些人選擇用投河的方式結束生命。布萊恩看著我說：

「開什麼玩笑。太冷了，不要。」

我說不管他選擇什麼方法，我都想陪著他。「如果可以的話。」我說，彷彿這只是我們的第二次約會，而我又不想當那種黏人的女生，老在逼問對方我們現在是什麼關係（其實……我跟約會一點也不熟。嚴格說來，十九歲之後我幾乎沒約會過。後來，大恩人韋恩為我指出，守寡或許是我終於能單身的機會。「是妳成年以來的頭一次機會。」他說，強調四十七年來，我單身的時間少之又少）。

「我的第一選擇是，」布萊恩說：「我們就順其自然，等到我真的開始走下坡了，妳就告訴我，然後我們一起躺下來。或許在我的書房，別在我們房間……還是在我們房間……到時再說，然後妳把能讓我結束生命的藥給我。我相信妳的判斷。」

「我不能那麼做，親愛的，那是殺人罪。我不能給你讓你沒命的東西。那種新聞很常見，當事人會受到法律制裁。」我說。雖然我不認為我這個年紀的白人女性在康乃狄克州（布萊恩常叫它的暱稱——痼習之地〔Land of Steady Habits〕），會因為幫助丈夫結束生命而坐很久的牢。

「我可能會坐牢。坐牢耶。」

布萊恩想了想，心思似乎飄走又飄回來，接著興匆匆地說：「妳在牢裡會過得很好。妳那麼機靈，是天生的領導者，在裡頭會很吃得開。」

我跟他說不行，無論我們選擇什麼方法，都必須由他自己動手。後來他睡著了。

我深陷在Google蟲洞，拚命尋找結束生命、自殺、協助自殺、安樂死、絕症和臨終選擇的資料。到了八月，終於讓我找到了「尊嚴」。就算你是外國人，只要符合條件，也能向這個瑞士組織申請陪伴自殺。他們要求的條件包括：心智健全並檢附相關醫療證明；繳交一萬美金；可自行前往蘇黎世郊區。我已經在想像我們要如何前往蘇黎世，但我無法想像，要是「尊嚴」這條路行不通（他們一再強調「申請」和「臨時」這些字眼），我們（多半是我，既沒受過醫學訓練，手眼協調也不太好）要怎麼在家實現布萊恩的願望。

死亡權

在美國，死亡權代表的意義跟食物權或居住權差不多——你擁有權利，但不代表你能得其所願。布萊恩告訴我他的決定之後，我打了電話給紐約臨終選擇組織（End of Life Choices New York），我女兒認識那裡的一個女員工，對方又認識另一個人。該組織的宗旨是「擴大臨終選擇，尊重每一個人的願望，盡可能追求最高品質的生活和安詳的死亡」。他們的網站上說，他們也致力於推廣臨終選擇教育。在他們的努力下，在紐約，告知臨終病患安寧緩和醫療已經合法；二〇一一年通過的法律，更明訂臨終病患有權知道這些服務的存在。他們教育大眾，推廣理念，追求目標，而效力最大的或許是——提供諮詢。

我打電話給專業又溫暖的臨床主任朱迪絲・舒瓦茲（Judith Schwartz）醫生詢問該組織，但在這之前她得先為我諮商，因為她一接起電話我就哭了出來。她立刻跟我說明她（和這個組織）能做與不能做的事。他們推動政策，努力拓展死亡權法，讓絕症患者不用等到最後階段就能得到幫助和醫療協助。此外，他們也致力確保，若你是由伴侶或朋友協助結束生命，至少他們能免於被起訴（扣下扳機或協助服毒的未亡人通常會得到「兩年無監督的緩刑」，但在那之前，還是逃不掉被逮捕、打官司和上地方報紙頭條的過程）。

舒瓦茲醫生說：「每次有死亡權法案被提出，只要牽扯到個人選擇權，反對派就會投入大量資源抵抗到底。」

紐約臨終選擇組織支持「自主斷食」，並且把它當作唯一有效、合法且可靠的結束生命方法，連身體狀況高度受限的人士都能選擇這樣的方式。在我聽來，無論是誰都要很有紀律和毅力才辦得到。幾年前，我有個朋友陪伴在一個知心好友的病榻旁，每天握著她的手，長達好幾個禮拜。她說一開始很平靜，後來卻痛苦不堪，一直到生命結束。我總覺得，這位朋友後來變成一個更好、但也跟之前不一樣的人。

「不容易。」舒瓦茲醫生說。

「我知道要幾個禮拜。」我說。

停頓。

「妳的丈夫多高大？」她問。我可以說出確切的數字，因為布萊恩青少年時期打橄欖球**又**摔角，導致飲食失調，所以他養成像名模一樣隨時報告體重變化的習慣。「他身高六呎一，體重二一五磅。」（診斷出來之後，他一下就掉了十磅。向「尊嚴」遞出申請之後，他又全部胖回來，而且吃東西又快又急，恢復往常那個愛分享、點愈多愈開心、樂意見見主廚的布萊恩。）

接著朱迪絲．舒瓦茲說：「那可能要三個禮拜，甚至再多一個禮拜。」她好心提醒我：「過程通常不容易。」

我想「通常」代表「從不」，就像現在我說「很少」，意思就是「媽的從來沒有」。因為我問了兩次，所以她跟我說，他們的組織不做實際操作的部分。

「抱歉沒有。」她隨即回答，但口氣還是一樣溫暖。我愛朱迪絲．舒瓦茲，就像我愛在這個過程中，跟我說話不傷人、不一臉驚駭、不毫無建設性的每一個人。

我問她對「尊嚴」的認識和評價。

「他們是玩真的。」她說。我再次確認他們不是詐騙集團（儘管二〇一八年五月，BBC新聞報導某前員工指控負責人米內利，收受富裕的死者家屬為了表達感謝而贈與的遺產。誰能怪他們呢？看見受盡折磨、身體日漸惡化的家人終於找到能夠毫無痛苦結束生命的方法，或是像生態學家和植物學家大衛．古道爾〔David Goodall〕一樣活到一百零四歲，純粹覺得很累，總算能夠解脫。他表示：「這一、兩年我的能力開始下降，這六年來視力也逐漸退化。我不想繼續活下去。我很樂意能有機會……結束這一切」）。

我已經看過所有對「尊嚴」的正反評價，也看了大部分的紀錄片。「尊嚴」做的事，似乎就是它對外宣傳的服務：你填好表格，完成文章（一篇自傳和幾段交代自己為什麼想要「陪伴自殺」的文字），最後寄給他們一萬美金（我記得若需要遺體火化和寄送素色骨灰罈的服務，費用要另計），同時準備一堆文件。抵達蘇黎世之後，你要接受兩次面談（以前只有一次，但某個人認為應該做更多的評估，我猜那個人應該跟瑞士政府有關），也要備妥各種身分證明，方便瑞士警方辨認遺體（有時，顯然也需要打幾通電話到美國，跟回到家的傷心家屬進一步確認）。

「他們是瑞士人。」朱迪絲．舒瓦茲輕笑著說：「他們要確認當事人的判斷力無虞。判斷力。」她特別強調「判斷力」這三個字，去年帶父親到「尊嚴」、後來指引我走完最後階段的女性（朋友的朋友）也是，彷彿這三個字具有特殊的意義，或許對瑞士人或「尊嚴」來說確實如此。「判－斷－力。」她說：「意思是你對這件事要有清楚的認知。這就是他們要尋找並確認的東西。他們絕對不會接受無法明確做出選擇，或是不清楚明瞭整個過程的人。」

現在，他們要求看布萊恩的牙科病歷，所以我得把資料寄給他們。我用「不可思議吧」的口氣，跟舒瓦茲說了這件事。

「就照他們說的去做。」朱迪絲．舒瓦茲說。

（患者病程紀錄）

Patient Progress Notes

Patient: Brian Ameche
Provider:
Phone:
Office:

Date: 11/21/2019
Chart #:
SS #:
Birthdate:

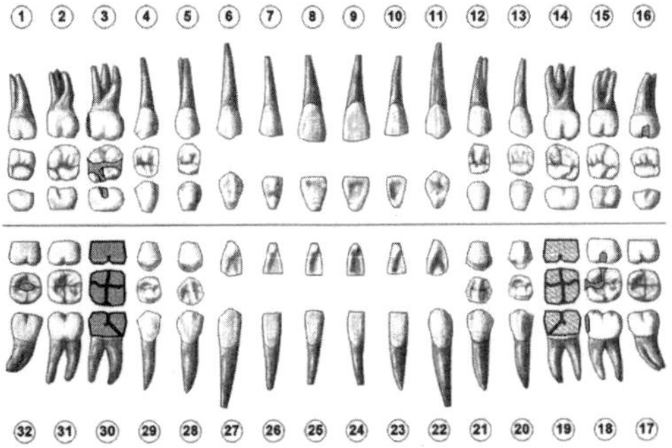

Treatment Plan　Completed　Conditions　Existing-This Prov　Existing-Other Prov

Date	Tooth	Surface	Proc	Prov	Description	Stat	Amount
5/4/2006	19		D2750	DDS1	Crown-porc fuse high noble mtl	TP	950.00
5/4/2006	19		D2940	DDS1	Sedative filling	C	40.00
5/12/2006			D0120	DDS1	Periodic oral evaluation	C	39.00
5/12/2006			D0272	DDS1	Bitewings-two films	C	40.00
5/12/2006			D1110	DDS1	Prophylaxis-adult	C	77.00
7/27/2009			D0120	HYG1	Periodic oral evaluation	C	39.00
7/27/2009			D0274	HYG1	Bitewings-four films	C	60.00
7/27/2009			D1110	HYG1	Prophylaxis-adult	C	77.00
8/12/2009	19		D2750	DDS1	Crown-porc fuse high noble mtl	C	950.00
9/21/2009	18	MOL	D2393	DDS1	Resin composite-3s, posterior	C	210.00
3/16/2010			D0120	HYG2	Periodic oral evaluation	C	39.00
3/16/2010			D1110	HYG2	Prophylaxis-adult	C	77.00
8/23/2011	30		D2750	DDS1	Crown-porc fuse high noble mtl	C	950.00
10/11/2011			D0120	DDS1	Periodic oral evaluation	C	39.00
10/11/2011			D0274	DDS1	Bitewings-four films	C	60.00
10/11/2011			D1110	DDS1	Prophylaxis-adult	C	77.00
4/13/2012			D0120	HYG1	Periodic oral evaluation	C	39.00
4/13/2012			D1110	HYG1	Prophylaxis-adult	C	95.00
10/19/2012			D1110	HYG1	Prophylaxis-adult	C	95.00
5/3/2013			D0274	DDS1	Bitewings-four films	C	60.00
5/3/2013			D1110	HYG1	Prophylaxis-adult	C	95.00
11/13/2013			D1110	HYG1	Prophylaxis-adult	C	95.00
6/26/2014			D0120	HYG2	Periodic oral evaluation	C	42.00
6/26/2014			D1110	HYG2	Prophylaxis-adult	C	95.00
1/7/2015			D0120	DDS1	Periodic oral evaluation	C	42.00
1/7/2015			D1110	HYG2	Prophylaxis-adult	C	95.00
8/27/2015			D0120	DDS1	Periodic oral evaluation	C	42.00
8/27/2015			D1110	HYG2	Prophylaxis-adult	C	95.00
3/1/2016			D0120	DDS1	Periodic oral evaluation	C	42.00

Page: 1 of 2

我聽話照辦。

牙科診所經理（可能是牙醫的太太）：布萊恩要換牙醫嗎？他對L醫生不滿意嗎？他在我們這看牙齒已經很久，所以……

我（內心OS：**我丈夫絕對不會放棄一個喜歡橄欖球、看過他在耶魯球場大展身手，還跟他是同鄉的牙醫師**）：是啊，他很喜歡醫師。我只是需要他的牙科病歷。

經理：可是……

我：我只是需要他的牙科病歷。

經理（內心OS：**去你的**）：那麼妳得親自來拿，中午之前。

我：我明天早上過去。

經理：（**掛掉電話**）。

二〇一九年九月，紐哈芬

我們把希望寄託在「尊嚴」上，因為美國的死亡權法幫不了我們。「尊嚴」的聯絡人海蒂告訴我，由於布萊恩在做心理治療，他們需要他的精神科醫師開一張他的心理健康證明。因為如此，我們得去找布萊恩的精神科醫師談一談。我很確定布萊恩的精神科醫師已經知道他的核磁共振結果，因為我上網查到布萊恩的神經科醫師和精神科醫師不但同年，且在同一個城市執業，我也知道她們會互相轉介病患，甚至是同一所醫學院畢業的。我想像她們一年會一起吃幾次晚餐，神經科醫師邊品嘗灰皮諾，邊跟精神科醫師簡單敘述布萊恩的狀況：「情況不妙，他的大腦已經開始萎縮，出現很多白斑。簡易心智狀態測驗結果是二十三分。才二十三分，他可是耶魯校友。」兩人都搖搖頭。

後來，這兩位醫生變成這個故事裡的反派角色。寫小說時，我的故事裡幾乎沒有壞人。偶爾會出現殘酷的父親，但最後往往因為動人卻也令人難堪的戀情而洗心革面，或是展現出哪怕只有一丁點的慈悲或良知。我的小說中不乏不忠的妻子，但若是仔細讀，你會發現她們很少是壞人，只是嫁的男人太教人失望。有時這些女人看似冷若冰霜，話少又難以親近，但我還是喜歡她們。

某同事對布萊恩的精神科醫師的形容是：聰明才智高於平均，社交能力低於平均。無論如何，我認識許多精神科圈子的人，包括社工、心理師、精神科醫師，各種類型都有。布萊恩告訴過我，他的精神科醫師聰明而低調，而且很喜歡他。我想布萊恩的治療師應該每一個都打從心裡喜歡他。

幾年前，他去找紐哈芬一位受人尊崇的精神分析師做治療（對，他找別人做治療，我不覺得奇怪，也很支持）。我問他治療得如何，他可能會說：「我們聊很多耶魯這一季的橄欖球比賽。我們聊了卡門．寇薩（Carm Cozza，布萊恩在耶魯的橄欖球教練）

的事。聊了耶魯袋棍球剛起步的時候（他們找了一些橄欖球員，把袋棍往布萊恩的手裡塞，叫他在場上跑來跑去嚇唬別人）。」我知道他們也聊了布萊恩跟父親的衝突、我們的二次婚姻，還有他身為建築師、在建築師滿街跑的紐哈芬所面臨的挑戰，但他確實說他們花了不少時間開心閒聊。然而，新的精神科醫生似乎很認真地跟他一起挖掘內在，對此我感到很慶幸。

新醫師對我們很重要，因為她能證明布萊恩如他所主張的一樣「心智健全」。我把想法講給布萊恩聽，他把手機給我，要我跟精神科醫師約時間見面。我用我的手機跟醫生互傳訊息。我問她是否注意到布萊恩的認知功能出了問題，她說有。

我建議我們三人見面聊一聊。醫生回說，安排見面的人必須是布萊恩。我心想：對對對，我知道，我當了二十五年的臨床社工，這我很清楚。接著我回她：**還有就是，或許妳還記得前陣子，妳幫布萊恩轉介神經科醫師做認知評估，後來還做了核磁共振，所有這些或其中任何一件事，難道不會讓妳覺得，由布萊恩自行安排見面（記住事情、規畫時間、報告進度），可能有困難？**（我不認為我有管理好自己的口氣，但她並不認識我，或許覺得我只是……說話很直。）

精神科醫生：**嗯，我記得**。

我平靜下來，詢問能不能跟她約幾週後碰面。

精神科醫生：**假如布萊恩要求碰面，當然可以**。

布萊恩從我後面探頭說：「假裝成我回她訊息，跟她約時間碰面。」我照辦了。

核磁共振報告出來之後，取得精神科醫師的證明成為我們的第一要務。我們打算跟她討論簡易心智狀態測驗的結果。但是等我們見到精神科醫師時，神經科醫師的報告已經成為我們通過「尊嚴」審核的障礙，因此我正在尋找能推翻那份報告的精神科醫生或神經科醫生。那份報告說布萊恩有憂鬱症，但那並非事實。倘若真是如此，我們絕對無法通過「尊嚴」的審核，因此得到精神科醫師的支持更顯必要。

結果，那次見面就是最後一次。當我們告訴精神科醫生，得知診斷跟核磁共振結果之後，布萊恩和我正在考慮向「尊嚴」求助時，她難掩心中的焦慮不安。醫生建議我們去義大利拉溫納或科羅拉多的特柳賴德度假，或者去佛羅里達礁島群釣馬林魚，那是親朋好友和醫療從業人員常給的建議。我知道就算沒看過YouTube上有關阿茲海默症及其病程的大量影片，醫療人員也知道沒人能預測布萊恩的病會惡化得多快或多慢。無論你是醫療人員、神職人員、擔心的兒女或懷抱希望的伴侶，就算從未說出口你也心知肚明，這種病跟冬天一樣會逐步逼近，而那個會搞錯地點、往事、約會和帳單的人，即使今年還能歪著嘴露出深情的笑容，再過兩年可能就無法跟你進行有意義的對話或與人建立關係，再過十年就無法走路或微笑示意，而到最後你會希望，你心愛的人能忘了如何吞嚥。有個朋友的伴侶五十歲得到阿茲海默症，後來活到七十歲，這是他告訴我的。

我請精神科醫生為我們寫封信給「尊嚴」，以備不時之需，在信上說明布萊恩心智健全且瞭解自己所做的決定。布萊恩向醫生解釋，他必須具有高度的認知功能，才可以申請協助自殺（我們都說是「協助」自殺，因為還不習慣「尊嚴」標榜的「陪伴」自殺，那在我聽來，總覺得好像有一團管弦樂團站在旁邊似的）。在我眼中，布萊恩很明顯心智健全，也確實瞭解自己所做的決定。醫生沒有反駁，也完全沒提起他的心智狀態。

她只是焦慮地用手按住嘴巴，說：「我一定要現在給妳答覆嗎？」

我往後一退，說她不必現在答覆，但也不能拖太久，因為我們很快就會需要那封信。三人都沉默下來，然後她一半身體離開座位，用堪比瑪莉亞．馮．崔普（譯註：奧地利歌唱家，電影《真善美》即改編自她的人生故事）的熱情活力跟我們說，我們應該找些好玩的事來做，共度美好的時光。她把手高舉過頭，提起到歐洲度假、遊湖散心，還重複「喜悅」二字好多次。我跟布萊恩都睜大眼睛看著她。我們當然想要喜悅，真心想要喜悅，但我跟他都不認為長達八年的時間身心日漸衰弱、直到完全失去自我，會讓人感到喜悅喜悅。

回到家之後，布萊恩說：「我不認為我們會成功，她沒站在我們這一邊。」我也有同感。

於是布萊恩用簡訊跟那位精神科醫師分手。之後幾天，她傳訊息給他，試圖說服他到她的辦公室把問題釐清。其實我懂，換作是我可能也會做同樣的事。但我不希望布萊恩去見她，因為我怕她又會提起遊河度假，或在他有生之年阿茲海默症有藥可醫的可能性，害他聽了更混亂或迷惘（即便在阿茲海默症的相關網站上，最近**最鼓舞人**心的新聞也不過是：新開發的手機應用程式有助於管理阿茲海默症患者的生活或避免他們走失。而近年的大型臨床實驗雖然失敗，也被說成**對抵抗阿茲海默症大有幫助**）。或許她能說服布萊恩改變心意，但我很懷疑。連我都不認為自己能說服他。

布萊恩對她感到抱歉。他覺得自己害她心裡不舒服，因此想要去見她。接著他出去散步，回到家之後又說：「她沒站在我們這一邊。」

最後，我們能做的差不多都做了，精神科醫師終於寫了封短信給「尊嚴」。

二〇一九年九月二十一日

敬啓者：

受布萊恩·阿梅奇（生日：一九五三年六月十九日）之託，本人特立此書並願檢附文件以資證明，阿梅奇先生於二〇一八年一月二十二日至二〇一九年九月九日在本所接受治療期間，並無精神失常、思考障礙、情緒抑鬱或自殺傾向。

特此說明。

這封證明布萊恩心智健全，沒有精神失常、思考障礙或自殺傾向的信，只幫了我們一半的忙。連瑞士人都看得出醫生惜字如金，只想交差了事。布萊恩又傳了封簡訊給醫生，請她寫一封更強烈的信，她也真的寄了。雖然沒有更強烈，但她為布萊恩的心智狀態多加了一些正面的形容詞，明白點出他具有……判斷力。

我必須把神經科醫生為布萊恩的核磁共振結果所寫的報告寄給「尊嚴」，這一寄反而讓情況更糟。但問題不在內容，而是右上角的幾個字。檢查原因：**重度憂鬱症發作，目前仍未緩解**。布萊恩從未得過憂鬱症，也從未接受任何相關治療。我們雖然無所謂，但「尊嚴」的網站上清楚指出他們不幫助憂鬱症患者自殺。我們的「尊嚴」聯絡人海蒂看了報告之後，也這麼跟我們說。我盡我所能跟海蒂解釋是神經科醫生弄錯了，但海蒂把話說得很清楚：「也許吧。設法改善，不然我們沒辦法幫你們。」

隔天，我打電話跟神經科醫生談了一下。她說：「我一定得填個理由才能做核磁共振，而且我知道布萊恩在看精神科醫生。艾美，那不重要。」

我試著跟她解釋那很重要，但又無法告訴她，「尊嚴」要是看到「憂鬱症」幾個字，就不會接受布萊恩的申請。我問她能不能把理由改成更精確的「認知困難」，她說那不重要，就掛上電話。

隔天我又打電話過去，但她沒接也沒回我的電話。我只找到行政人員，對方立刻擋在我跟醫生之間，說我跟布萊恩要是想討論報告可以預約時間。從理論上來說，我尊重這種作法。我約了一個月後的時間，把那想成是我們最後的希望，要是其他方法都失敗再去赴約。一直以來，我都是個意志堅定又不屈不撓的人（雖然比不上我丈夫），現在我卻發現，不論任何人或宇宙本身拒絕了我，都會讓我痛苦不堪，一整天（甚至不只一整天）都開心不起來。

過了幾天，我們收到海蒂的信，一方面回應我們寄給她的所有資料，二方面要幫我們安排第一次電話訪談。我滿懷希望，也很緊張。布萊恩給自己泡了杯咖啡，坐在廚房中島前，一臉鎮定且胸有成竹。我從沒看過他打橄欖球，但我一眼就能認出那種嚴肅應戰的表情，令人印象深刻。

要是海蒂是猶太人或紐約的義大利人，她應該會對我大吼大叫（因為在這通電話裡，我們放棄假裝是布萊恩自己處理所有的信件，像個……判斷力健全的男性那樣）。跟布萊恩寒暄完後，海蒂立刻要我接聽。

「阿梅奇先生，你現在感覺如何？」

「整體來說，還不錯。」

「那太好了。」

要是海蒂是我的親戚，她就會對我怒吼，而不會用低沉的加重語氣跟我說話。她八成會大吼大叫著說：

妳是聾了嗎？竟然寄給我那份糟糕的報告，妳知道最上面寫了什麼嗎？小姐，我

在問妳，上面寫了什麼？上面寫著，檢查原因：重度憂鬱症發作。不妙。艾美，妳有在聽嗎？這實在不妙。

這份核磁共振報告，是你們的問題。你們自己看著辦（這時她——我的親戚——應該會氣到把我手中的東西打下來，管它是杯子、湯匙還是報紙）。我們這裡把阿茲海默症看成是一種精神疾病。你們要弄到手的是適當的評估，而不是一封不冷不熱的信件，而且必須是專業精神科醫師提出的專業報告。你知道我們瑞士人最尊崇誰嗎？佛洛伊德！所以去找個佛洛伊德醫生，弄份完整像樣的報告。我們時間有限。除非拿到佛洛伊德醫生的證明，我們才會開始行動。要是我們沒收到他的信，你們也不會收到我們的信。可以嗎？好。

我掛掉電話，布萊恩一臉問號看著我。我講了好幾分鐘的電話，但只是眨眼、點頭，沉默不語。

「沒事。」我說：「我們只是需要一份更好的精神評估報告。」

「確實。」他說，回頭繼續看新聞。

布萊恩繼續看新聞，我去煮晚餐。噁心的感覺湧上來。我的廚藝一向還行，有時甚至大獲好評，但現在我卻跟其他廚藝不佳的人一樣痛苦不堪。我經常望著平底鍋或湯鍋裡的東西，感到沮喪或訝異。有的太焦，有的太黏、太濕，沒一樣味道是對的。幾乎每道菜都太鹹、太油或味道像金屬。一個禮拜有一次，我會把整桌菜丟掉，直接叫披薩和沙拉來吃，或是自己做三明治。我以為自己很專注在做一件事，但是從來沒有。某天，我又把晚餐丟進垃圾桶時，布萊恩的正念／冥想老師唐娜打電話來問候他的近況，因為他上一堂冥想課沒去（日期對，但時間搞錯）。布萊恩接起電話時臉色一亮，我走去另一個房間。約半小時後，他講完電話，心情大好。我鼓勵他打回去問她願不願意當他的新治療師（「現在就打怎麼樣？」我說，飛快地把他的手機拿給他）。他打了，她說好。上帝保佑她，願她的名字被寫進生命之書（譯註：猶太人祝人幸福安康的說法）。

有個同事說：「我聽說她陰陽怪氣的。」那又如何。我不在意唐娜身穿橘黃色長袍，手裡把玩著粉水晶（她並沒有）。因為每次跟唐娜做完治療，布萊恩的腳步都會輕快一些。

跟唐娜一週兩次的治療持續大約兩個月後，布萊恩說他希望我也一起去。

「一起做伴侶治療嗎？」我問。

布萊恩想了想他為什麼要我去。

「沒錯。還有治療時討論的許多事，結束之後我就忘了，妳去可以幫我記住。」

我立刻說好，但其實並不想。我跟布萊恩之前做過很多次伴侶治療。我們找過一個很棒的老太太，她很疼愛我們兩個。她會像交通指揮員一樣舉起手，提醒我：「還沒輪到妳喔。」然後對布萊恩說：「你，要專心，這部分很重要。」她要他別再當個自私的小孩，要我別再對他那麼嚴格。她跟布萊恩說：「你**選擇**了她，這個女人不會為你做牛做馬。」當我正要說，誰說我沒有為他做牛做馬，她就會對我揚起一邊染過色的眉毛。「而妳**選擇**了他；你選擇了歌劇和紅醬，而不是白酒和憂鬱。」每次說到這，她就會咯咯發笑，我跟布萊恩則會哈哈大笑，三個人開心又滿足。我們為她著迷，第一次做完治療就跟她簽了約，一年之後我們結為夫妻。後來我們一直斷斷續續和她保持聯繫，直到幾年前一切似乎又掌握在我們手中。

多年前，布萊恩有幾個禮拜狀況很差，鬱鬱寡歡，我不確定是什麼原因。我對他非常生氣，甚至覺得他一定是外遇。他張口結舌盯著我，然後說：「我沒有外遇，我只是顧人怨。」然後把他的手機拿給我，要我打電話給瑞秋。我們可以去見她，之後再去 Tre Scalini 吃飯。上車後，他又說：「我要跟誰外遇？我想不出有誰。」後來風暴平息，我們還是去找了瑞秋，也去了 Tre Scalini，因為布萊恩喜歡那種七〇年代初義大利餐廳的氣氛，還有他們好吃的番茄肉醬和普普的開胃菜拼盤。而且他對上館子的看法如同一般人對金錢和健康的看法，那就是多多益善。

我們最後一次去找瑞秋諮商時，她開心地說：「有需要隨時打給我。」那是五年前的事。二〇一九年，瑞秋打電話給我。她從某個病患（也是我的朋友）那裡聽說布萊恩得了阿茲海默症，打算去「尊嚴」。「請妳來我的公寓一趟。」她說。

到了那裡之後，我按了很多次門鈴，她終於來開門。她瘦了一圈，神情恍惚。「妳來啦，我不確定是不是門鈴的聲音。」她說。她家是精神分析理論、Marimekko（譯註：芬蘭的設計品牌，以鮮豔獨特的花紋馳名）和來自世界各地的世紀中小飾品的殿堂。她帶我走向一張破舊的沙發。

她告訴我，她跟病患說她因為健康問題很快就要退休，其實是因為她得了阿茲海默症，所以想把她的一些病患轉給我。她找不到病患的名字，於是我們坐下來。她說：「我聽說了妳跟布萊恩的事，我希望我可以……妳知道……加入你們。」她描述我們三人可以如何一起前往瑞典。「是瑞士。」我說，並且告訴她事情沒那麼簡單，光是申請就要花很長的時間。她一臉失望。

「妳知道我有阿茲海默症？」她問。

「我知道。」

「妳怎麼知道？誰告訴你的？」

我沒有把這次跟瑞秋見面的事告訴布萊恩（下次或下下次也沒有）。我跟瑞秋說，我有一陣子不會跟她聯絡（因為我跟布萊恩正在準備前往蘇黎世，我知道自己沒辦法帶完他又接著帶瑞秋）。她說她的律師跟她站在同一邊，或許他會幫忙她前往瑞典。是瑞士。我稱讚了幾句她的律師，對方聽起來像個好人。我也一再提醒她，應該先跟她的女兒們說說她的想法。「妳是指我的髖關節嗎？」她問。我說不是，是指她的健忘。「哦，她們不需要知道。」她說：「艾美，妳知道妳可以搞定這件事。」

我再次鼓勵她跟女兒談一談，儘管我知道說什麼都沒用。最後，我跟她要了她女兒的手機號碼，但瑞秋不肯（或無法）把電話給我。後來，她由其中一個女兒負責照顧，沒有去「尊嚴」，因為兩年前她或許就錯過了時機，之後將在失智照護中心度過餘生，而我能給她的最大祝福，就是希望她早點解脫。但實際上並沒有，我們下一次交談時，她已經住進失智照護中心。她跟我說：「這裡發生了很奇怪的事，拜託妳來把我帶走。」

鳥飼料

某天吃完早餐後，布萊恩說：「我得去買鳥飼料，家裡沒有了。一年到頭，我都會在外面放鳥飼料，可是幾個禮拜前飼料長蟲，所以停了兩個禮拜。」

「你已經停一年了。」我說。心想：「艾美，妳是哪根筋不對？誰在乎啊？」顯然我在乎，因為我想告訴他，那些鳥很可憐，還有鳥飼料長蟲儘管很慘（而且又噁，長翅膀的蟲四處紛飛，活像恐怖片），他幾乎兩年都放著不管。無論如何，我就是要告訴他，這個狀況已經不只兩個禮拜了。平常跟鳥有關的事情都歸他管，我卻要指控他沒照顧好那些鳥，讓他頗為難堪。我很努力不去提類似的事，但每隔一陣子，就想要證明自己是對的。這種不討喜的基本需求湧上來時，我就會當著他的面，說出他根本不需要聽的話。我覺得很慚愧，但後來布萊恩開始對我不滿，說他不懂為什麼自己要因為鳥飼料的事被「拷問」。他有點大聲，而且非常生氣，突然出門去釣魚。我很高興，一來他走了，二來既然他亂吼人（你可以說我口氣強烈，但我沒有**拷問**他），我也不用覺得慚愧。

幾天後，我們在唐娜的診療室又多多少少談到鳥飼料。布萊恩看見唐娜窗外的小鳥，於是說：「我該去買些鳥飼料。」我點點頭。

我們去那裡是為了做伴侶治療，看起來也像。因為在這個鋪著米色地毯的小房間裡，我們坐在彼此身邊，面對著治療師，不時深情而緊張地注視對方，有幾次我淚水盈眶。但其實又不像伴侶治療，因為我們都不期望另一半會改變。只要我們一起生活，布萊恩永遠會是現在的布萊恩。接著我又想，大多數伴侶治療都是如此，儘管我扮演治療師的角色時，通常不會抱著這樣的心態展開治療。

二〇一九年十一月，當時我們已經得知診斷結果好幾個月，但「尊嚴」的申請還沒有通過。有一天我們去找唐娜做治療，布萊恩說：「我想在我死之前，再去度最後一次假。」

唐娜說（她正在帶他討論如何表達對我的支持）：「啊，度假。」

我（內心的聲音）：**媽的，你在開什麼玩笑？安排度假？現在？去哪裡？如果是我們去過或喜歡的地方，跟過去的回憶相比只會顯得臨時而倉卒。如果是沒去過的地方，到了陌生的城市，我就得幫你討價還價，然後你氣我管東管西就會自己跑去二十四小時酒吧，身上除了口袋裡的歐元和臉上的親切笑容，什麼也沒有。**

我（對外的聲音）：哦，度假，當然好啊。

我們到家時，我希望布萊恩已經忘了度假的事。我問他會不會想去小小度個假，沒說是長假。一個禮拜前，大恩人韋恩就提過布萊恩或許會想去最後一次釣魚之旅，反正他去釣小鮪的時候，我可以待在紐澤西的汽車旅館裡。我知道韋恩是懂釣魚的人，而且就跟大部分愛釣魚的男人一樣，他對其他釣魚的男性自然有種發自內心的好感。他很能**理解**想去釣魚的渴望。因為說的人是韋恩，所以我打電話找了五個紐澤西的釣魚嚮導，但當時已經十一月初，天氣變冷了，沒人肯帶。我告訴韋恩我找了五個釣魚嚮導，因為我不希望他覺得我不在乎我的丈夫快不快樂。我瞭解所有快樂都轉瞬即逝，但也知道縱使快樂轉瞬即逝，但一個人真的有可能再也體會不到那種快樂，哪怕再一次或下一週都不可能，更何況是一年之後。我們周圍的門正逐漸關閉，無時無刻不是如此。於是，我勉為其難又滿懷希望地打電話找了另外三個在卡羅萊納州的釣魚嚮導（這件事我也跟韋恩說了）。

我辜負了布萊恩的期望。

布萊恩的醫生也辜負了他的期望，包括他的內科醫生：玩咖醫生。玩咖醫生討厭壞消息。幾年前，也就是二〇一六年，布萊恩找他抱怨他的記憶問題時，玩咖醫生要他放一百個心。布萊恩回到家時，也這麼跟我說。

我們去找他討論補充B_{12}的事時，玩咖醫生見到布萊恩，一如往常顯得很開心，看到我卻毫無反應。他看了看神經科醫生的轉診單，然後說：「所以要補充維生素B_{12}。」他說以前B_{12}是用注射的，注射法曾經是最佳方式，幸好現在不是了。他說，布萊恩應該服用高劑量的B_{12}，用舌下錠（在舌下慢慢融化），而且要終生服用。玩咖醫生說他正在安排第二次更進階的B_{12}試驗，希望藉此揭開欠缺維生素B_{12}的另一個可能原因，也就是萎縮性胃炎（胃黏膜變薄，阻礙吸收）。他笑笑地看著我們，一半身體離開座位。我知道他在趕人了，也發覺布萊恩沒有想進一步討論。

結果布萊恩的血液檢查一切正常，我很高興，但上次見面的事還是讓我氣憤又困惑，所以我留了語音訊息給玩咖醫生。

幾天後他回我電話。我告訴他，我不明白上次見面時，他為什麼問都沒問神經科醫生轉診的事，也完全沒提布萊恩的認知問題。他支支吾吾，說他以為轉診是為了頭痛的問題。

「**什麼頭痛**？」我跟玩咖醫生說，如果他查看布萊恩的病歷就會發現，布萊恩從以前到現在都很少頭痛。

玩咖醫生說：「ＯＫ。」像個十四歲的少年既緊張又倔強。

「什麼意思？你覺得這樣ＯＫ嗎？你對一個長期病患被神經科醫生轉診的原因毫無興趣，這樣ＯＫ嗎？哪裡ＯＫ了？」

「ＯＫ。」他說。

「不ＯＫ。」我說。

吉爾福德市集的最後一天

吉爾福德市集的最後一天是一場噩夢。要是雙胞胎跟我們在一起會更糟，但布萊恩已經陪她們買了冰淇淋，也玩了鬼屋，現在她們已經跟爸媽回家去了。九月逐步逼近，核磁共振的檢查被我們拋到腦後，布萊恩的失智症狀愈來愈明顯，我們在雙胞胎面前極力隱藏，避免她們發現異狀。

過去一年，已經退休的布萊恩每週有一天會去學校接孫女放學，或是去夏令營接她們回家。今年夏天，他去夏令營接孫女時卻找不到人。孩子的媽媽跟我在我們家的車道上等了又等。我一次又一次打他的手機。將近一個小時後，我決定開車去找人，在路上又打了一次電話給他，這次終於聯絡到他（我們因為手機吵架的次數大概是所有事情加起來的總和；用起來愈吃力，他就愈抗拒，雖然隨身攜帶以防萬一，卻整天關靜音）。他聽起來很狼狽，呼吸沉重。他說他找不到孫女的教室，而且她們到處跑來跑去，後來又說她們在哭，大家都不高興。我就像在跟一個被困在路邊、看著自己剛逃離的車子在眼前爆炸的男人說話。我問他需不需要我去接他。他說不用，他很快就會帶雙胞胎回家。

偶爾我會打撈雙胞胎的記憶，但她們似乎都不記得這件事。伊登記得爺爺西洋跳棋亂下一通，但她以為那是他故意耍笨。那天他去吉爾福德湖小學接她們的時候遲到，結果找不到人，後來她們對他大吼、他也吼回去的記憶，似乎已經消失，埋藏在腦海深處。

那天晚上，我跟女兒利用晚餐時間當和事老。布萊恩在所有人面前對天發誓，他沒有跟雙胞胎說：「我再也不來接妳們了！」（雖然我很確定他有。每當讀書會的郵件搞得他一團亂，或在線上交流釣魚計畫讓他不堪負荷時，他就會生氣地說：「瘋了，我再也不弄這些東西了！」）布萊恩跟雙胞胎說，他隨時都很樂意去接她們（但他再也沒有單獨去過，都是我陪他去）。淚水擦乾，雙方擁抱。雙胞胎坐在他腿上，吃了他的大半洋芋片。兩個月後，我們全家人一起去逛吉爾福德市集。當時還不知道布萊恩得了阿茲海默症以及我們打算去找「尊嚴」求助的人，只剩下孫女和大多數的朋友，也就是我們想要保護的人，生怕他們會動搖我們的決心。

康乃狄克州的小鎮市集上，大片田野被改成停車場，裡頭停滿數不清的速霸陸和本田車。穿著螢光背心的銀髮族和神情恍惚的青少年，指揮你把車停進空位。我們眼前是一排又一排曝曬在太陽底下、閃閃發光的汽車，但現在大部分的停車場指揮員都回家了。我往左邊看，布萊恩往右邊看，然後他人就不見了。他決定去另一邊更遠的地方探一探（你應該不會驚訝我們根本走錯了停車場。我們的停車場在一棟更破爛的白色農舍旁邊，跟這裡隔著一片田野）。我每隔幾分鐘就打他的手機，後來急到哭出來。我想像過了幾小時、市集都已經結束之後，警衛（長得像更壯碩一點的停車場指揮員）終於把生氣又難堪的布萊恩帶回我身邊。

實際狀況是，經過四十分鐘的折磨，汗水和淚水從我的臉上滴到腳上，我終於用手機聯絡到布萊恩。他告訴我他在哪裡（「就站在駱馬旁邊，親愛的」），我跑去找他，在他看見我之前放慢速度，免得看起來太驚惶失措。我既害怕又焦慮到幾乎說不出話，一直抱著他，無法放手。布萊恩建議這次我們從後面往前面走，然後找一個高一點的位置往下看。後來我們確實這麼做了，我也看到另一個停車場。找到車之後，我開車回家，布萊恩給自己弄了個起司拼盤配電視新聞，我則去沖澡，從我有生以來第二次恐慌發作中慢慢恢復。

二〇一九年十一月十四日星期四，石溪村

佛蒙特的月光

時間來到十一月底，寒霜降臨大地，我活在恐慌之中。感恩節就快到來。時間分秒流逝，但這不足以描寫我內心的焦躁不安。滴滴答答響的時鐘就掛在唯一一扇我能幫助我丈夫通過的門上。但這世界唯一為我們開啟的這扇門——「尊嚴」，卻在我面前漸漸關閉並鎖上。有時，我會去自己的辦公室走來走去，然後哭一場。我問了我能忍受的每個人認不認識誰能幫助我們，但大多數時候我都沒開口，因為我承受不了。

唐娜一直支持布萊恩跟決定結束生命的自己和解，也鼓勵我需要時就哭泣宣泄，不要放棄。有次治療時，她建議我們打電話給她的老朋友伯恩斯壯醫生。我不太清楚他到底在做什麼：能真正結束生命的事？火雞醃製塑膠袋？派對城賣的氦氣瓶？坐在

唐娜辦公室的停車場時，我在一個紐西蘭的網站上看了氦氣瓶的完整介紹。五分鐘前，我還對這種方法一無所知，現在卻對它已有相當全面的認識。所有這些方法都很值得參考，也很可怕，但我很確定我做不到，布萊恩也不會接受。我仍在尋找能幫助我們的人，不管是誰，只要能幫我們完成我們必須做的事都好。

布萊恩去洗手間時，唐娜問我他會不會想去佛蒙特州，來一趟死前的迷幻藥之旅。她說賽洛西賓（迷幻蘑菇）已經證明能減輕人對即將到來的死亡的恐懼，幫助他們更珍惜在世上的有限時間，平靜地接受死亡。聽起來是好事，但我拒絕了。我不認為自己辦得到，雖然我不該只想到自己。回程途中，我擔心自己的自私、恐懼和對迷幻藥的反感（讀高中時，我們小團體的三個男生一週有一、兩次會茫到動都不能動，廢一整天。誰家要是沒大人，我就會在那人家裡的廚房炸蘋果餡餅，幫他們蓋好被子之後再離開），會剝奪對布萊恩有幫助、甚至能帶給他極致體驗的事物（他大學和之後用過幾次迷幻藥，似乎沒有任何副作用，除了在**不該**迷路的地方迷得一塌糊塗）。

回到家，我在車道上告訴布萊恩，他可以去體驗迷幻藥之旅，我們隨時可以去佛蒙特。布萊恩握住我的手說：「我很難過，也還有點生氣，但我並不害怕，我們不需要大老遠跑去佛蒙特。」

二〇一九年秋天，石溪村

我們還在為申請「尊嚴」準備各種資料。以下是布萊恩的口述自傳。

布萊恩·阿梅奇的個人簡歷

我出生於威斯康辛州的基諾沙，父母是第一代義大利藍領移民，兩人從高中就是一對。家父後來成爲知名的大學橄欖球員，畢業後也走上專業運動員之路。兩人二十五歲之前就生了五個小孩（我、三個弟弟和兩個妹妹），最後總共生了六個小孩。我是老大，我最小的弟弟保羅二十歲英年早逝，直到今天我們都很想念他。

小時候，我們搬過四、五次家，青少年時期我多半在賓州的費城度過，在那裡上私立學校。我參加了摔角、袋棍球和橄欖球隊，高中三年都是這三支校隊的隊長。後來耶魯大學網羅我進大學橄欖球隊。我的醫生認為，多年來在橄欖球場上的劇烈肢體碰撞可能是導致我失智的一個原因，許多橄欖球員都是如此。

讀研究所之前，我休息了一陣子，到科羅拉多州當了一年的嚮導，帶人健行、爬山、釣魚。直到現在，我還是很熱愛飛蠅釣，原本希望退休後可以從事飛蠅釣的嚮導和教學。

因為一直對設計、建築和視覺藝術感興趣，後來我去明尼蘇達大學拿了建築碩士。我（跟父親一樣）娶了高中時期的戀人，婚後搬回康乃狄克州的紐哈芬，在那裡展開建築師生涯。將近四十年來，我設計過公共住宅（我的代表作之一）、耶魯的女性體育場、一家鄉村俱樂部、一間頂級的安養院、公寓大樓、公司辦公室，還有一個很棒的女童子軍營地。我熱愛設計，要不是得了阿茲海默症，還會持續至今。

五十出頭時，我結束了第一次婚姻。我遇到艾美，兩人相戀，十二年前在親朋好友和她三個可愛的兒女的見證下，結為夫妻。我們一起建立了幸福快樂的生活。阿茲海默症即將爲這一切畫下句點，言語也難以表達我內心的遺憾。

（布萊恩・阿梅奇）

我稍微修改一下，再讀給他聽，他又做了一些更動才拿給我。我改了他想改的所有地方。他本來打算把他父親贏得海斯曼獎盃的事蹟也放進去，聽到我說「天啊，親愛的，他們是瑞士人，才不在乎這個」，才又拿掉。任務完成。我們享用了司康和咖啡（他吃培根和雞蛋），也算是一種慶祝。現在「尊嚴」的事多半成了我的工作。我們一起吃晚餐，一起照顧孫女；我有自己的事要忙，他則有彩繪玻璃課、心理治療和健身房活動（十月就會由我載他去健身房）。目前為止，布萊恩只要每隔幾天就會問我「尊嚴」的申請進度，然後給我一些鼓勵，如此他便心滿意足。偶爾我們遇到他感受得到的阻礙時，他會說：「太扯了，這是**我的**人生，我應該要能決定怎麼結束自己的生命。」大多數時候，他似乎覺得一切都在掌控之中，盡頭很快就會到來，但還不至於近在咫尺，所以我們還可以吃很多次壽司，看很多次電影，過程也會順順利利，照我們期望的進行。事實當然必非如此，過程也不是一帆風順，所以對我來說並不好受。最後只剩下我一個人孤零零地面對現實，但我希望這些他都不知情。

常常，早上他會把手放在我身上，說：「今天我覺得滿不錯的。」有時候他會說：「我覺得我的記憶大概還有九成。」我說：「那太好了。」有時候他會說：「我覺得我可以重新開始自己開車去健身房。」每次我們都會達成共識，認為折衷辦法就是由我或我們的女婿科瑞載他去健身房（二十五分鐘），但他可以自己開車去上彩繪玻璃課（六分鐘，直直走，看到巧達濃湯餐廳右轉就到了）。

今天十一點要上彩繪玻璃課。

沿路往前開，經過 Stop and Shop 超市，看到「大龍蝦」右轉。

珍的工作室在左手邊，走進蘋果園畫廊就會看到。

我還畫了一個愛心。

這一次，布萊恩要去做他最後一件彩繪玻璃作品（日落或日出），結果三分鐘就回來。「我忘了怎麼走。」他說。他勇敢地說出口、問我怎麼走，然後再次走出門的模樣，徹底擊倒了我。怎麼會是這個人？為什麼這個人必須離開這擾攘的人世（譯註：shuffle off this mortal coil 語出《哈姆雷特》著名的 to be or not to be 獨白）？每天早上，布萊恩一走出房間我就會狂哭，心中想過一串所有應該比他先死的人；他們甚至不是壞人，只是我知道的人。

求助

正當我們努力達到「尊嚴」所有的條件時，我也開始認真看待他們這種緩慢而慎重的做事方式，還有他們強調的「喊停絕對是一個可能的選項」。我試著照著布萊恩的指示擬出B計畫——我設法替他弄到一種喝下去不會痛苦的致命毒藥（而非注射），而我握著他的手，孩子們圍繞在他身旁（我事先做了功課。此外，我也必須營造出他服毒自殺時，我剛好去看電影或散步的假象。對我這個英國推理小說迷來說，這樣的行為本身就很可疑。有哪個妻子會把得了阿茲海默症的丈夫晚上單獨丟在家裡，自己跑去看電影或是去濕地散步？）。

布萊恩去電車步道（穿越濕地的一條美麗小徑）散步時，我就在家裡做臘腸彩椒烘蛋給傑克吃。傑克是我的好友，也是我以前的學生，他手巧又熱心，古靈精怪一個，也以此自豪；一雙單純天真的眼睛圓溜溜，睫毛又長，再加上紅潤的臉頰，正符合古靈精怪的模樣。傑克可能是足以給我B計畫相關建議的最佳人選。他幫我修理家裡大大小小的東西，也幫我們的朋友修理樓梯和櫥櫃，還幫我找資料。我經常做早餐給他吃，推薦他一些書單，幫他修改文章。聽起來很像一種交易，其實還好。反正我做早餐給他吃，他會幫我修理搖搖晃晃的桌子。說來有點難為情（對我來說，對他或許也是），但我們就是喜歡對方，兩人的缺點互補，個性、怪癖、興趣又契合，只是相差了四十歲。布萊恩也很喜歡傑克。但自從得了阿茲海默症，信任一個人對他來說比喜歡更重要，而他也信任傑克（布萊恩認為我們的水電工，世界上最好心最能幹的人，最近都在「偷懶」、「沒把事情做好」。十年來，他一次又一次拯救了我們的房子，這三個月也來了好多趟，因為布萊恩決定重做、重接或切斷某些重要線路）。

我給自己和傑克泡了咖啡，一隻眼睛盯著時鐘（布萊恩可說是這個整修計畫的執行長。他不想參與低於這個身分的討論，不想聽見煩人或難懂的討論，不想聽到任何壞消息，不希望有人對他提出尚未解決的問題，只要固定跟他報告進度就行了。開會討論不該超過十分鐘）。兩週前，我跟傑克說了布萊恩的診斷結果，哭哭啼啼泣不成聲。我不知道自己為什麼在電話中哭個不停。早在做核磁共振之前，我就確定布萊恩得了阿茲海默症，我以為自己不會感到**訝異**。但只要是壞消息都一樣令人訝異，即使你遠遠就看到火光，即使壞事早就降臨，在你耳邊呼吸，敲打你瘦弱的骨頭，你仍然會感到訝異。

我劈頭就把美國醫療系統罵了一頓，痛批我們國家為什麼不讓人死得舒服又有尊嚴，反而靠別人的痛苦來賺錢，而醫生也無法面對自己的能力有限，滿足病患的需求。傑克邊吃東西邊聽我說。我邊說邊飆髒話，但是很沒創意。

「沒人能跟你討論這件事。」我說：「似乎也沒人知道自己在做什麼。現在根本沒有有效的治療方法。世界上最進步的阿茲海默症研究說：他媽的多吃藍莓，還有他媽的多睡覺。」

傑克點點頭。

布萊恩回到家之後，他們兩人又吃了一些早餐。我想，只要女人繼續生小孩，性別歧視就不會消失。因為他們兩個（一個年輕，一個不再年輕）就像客人一樣坐在那裡，我則忙著幫他們煎培根、烤麵包和倒飲料，三個人怡然自得。

幾天後，傑克人在我的辦公室，布萊恩去上彩繪玻璃課。我想說出心裡的想法，因此躺在沙發上，一手遮住眼睛；構思小說場景時，我都會這麼做。傑克走來走去，然後坐進我的扶手椅。我查過我們需要多少戊巴比妥。需要的量就埋藏在解脫國際或「尊嚴」的某份文件裡，但我把它挖了出來（卻把它忘了，還忘了兩次，這次又重新把它挖出來。布萊恩的阿茲海默症也破壞了我的記憶），然後把量（**二十克**）寫在一張索引卡上。「他得先吃止吐藥，」我說；「這樣才不會把毒藥吐出來。然後把東西放進果汁機攪成冰沙，我如果要幫他忙就得戴手套，這樣上面就只有布萊恩的指紋。傑克，那樣是犯法的。」我說。

我知道我希望我的孩子陪著我們，也知道如果要做這件事，他們會希望陪在我身邊，但我不忍心讓他們任何一個人（都已為人父母）看我受到法律制裁。我想或許他們可以事後再來，但我無法想像他們要在哪裡等候，或者之後會發生什麼事。我完全無法想像，於是閉上眼睛，一再專心思考最瑣碎、最無謂的細節：在什麼地方、什麼時間。傑克默默走出去。

我到公共圖書館找資料。**不用**手機，**不用**我的筆電。網路上的資訊一再提醒，千萬別用自己的電腦搜尋，如果想知道什麼事就打電話，不要傳訊息，而且別用自己的筆電。我知道，假如之後真有警察上門調查，就算把我的筆電丟進一大桶鹽酸裡，警察還是找得到我的搜尋記錄，只要他們知道怎麼找。我上網搜尋吩坦尼，每個網站都強調它的止痛效果比嗎啡強五十到一百倍。合法的使用方式是經由貼片或靜脈注射，穩定吸收極低的劑量。不妙的是，地下版本是在某傢伙的實驗室提煉出來的，然後再做成藥粉、眼藥水、鼻噴劑、藥丸或吸紙。雖然我不熟街頭毒品圈，但我很確定有個道理至今不變：東西愈值錢，毒販嘴上說的愈有可能跟真正的東西不一致。畢竟說謊的後果微不足道。如果東西爛到會要人命，買主死了，問題也就解決了。如果是不夠純或沒效，買主可以抱怨、但不能去告毒販，也不太可能殺了毒販（我想，如果我是可能殺了毒販的那種買主，對方應該會採取預防措施）。所以，就算我穿著 Madewell 牛仔褲和懶人鞋，若無其事地跟毒販碰面，把藥物弄到手，那也可能根本不是吩坦尼。就算是，布萊恩死前也可能經歷痛苦混亂、激動不安和癲癇發作。我無法確定藥效需要多久才會發作，因為服用過量吩坦尼的記錄，大都不是高大的中年男子服藥自殺。近兩年來，有不少濫用吩坦尼的報導，所以吩坦尼很難取得，也很難買到。結論是不考慮吩坦尼。

我仔細研究了解脫國際的網站，努力不讓 Sarco 害我分心。這種一人大小的膠囊是未來的自殺機器，由菲利普．尼奇克（Philip Nitschke）和一名荷蘭設計師研發：**當藝術與死亡相遇……一個能急速減少氧氣、同時保持少量二氧化碳（安樂死的條**

件）的膠囊，此一概念促成Sarco的誕生。是藝術，還是……？精緻的設計是為了營造隆重的感覺，彷彿要航向一個「新的目的地」，同時也為了消除過程中的「反感與不適」。

我辦不到。

我研究了我們從「尊嚴」那裡拿到的資料，至少我們現在是會員和可能的人選了。有些選項我不再考慮。比方拿火雞醃製塑膠袋接氦氣管，號稱毫無痛苦，但看起來很恐怖。比方從墨西哥某個不會太難搞的獸醫那裡弄到苯巴比妥（或者在你家附近，如果你找得到相信你養了匹馬，想要自己幫牠安樂死的獸醫）。但戊巴比妥鈉就是我要找的東西。這種常見也曾非常受歡迎的巴比妥類藥物及中樞神經抑制劑，服用過量一定會沒命，而且不會覺得痛苦；不到一分鐘，你就會微微睡著，十分鐘就會睡得很沉，二十分鐘心跳便停止。戊巴比妥鈉的致命劑量大約是每十磅一克。布萊恩至少需要二十克才保險，這對管制藥物來說是很大的量。亞培藥廠一九九九年停止生產戊巴比妥鈉，因為它在美國是死刑注射藥，藥廠不會爭相生產一種嚴格管制又名聲不佳的藥物。製成的藥丸是五十或一百毫克的藥錠。我們需要五百錠。我打電話給幾個醫生朋友求助。他們好心跟我表明，設法弄到戊巴比妥不是他們感興趣的事，而且真的有難度。有個朋友說，這種東西（自殺藥）常常失敗。另一個交情更老的朋友說：「布萊恩真的確定要這麼做？要是我，我會自私地照常過活，等到真的不行，再靠老婆照顧我到最後。」我想他說的或許沒錯。

我又打了最後一通電話。這位醫生朋友早已知曉布萊恩的診斷結果，也看我掉過好多次眼淚。他跟我說：「所以，我想妳是說妳需要巴比妥類藥物來治療失眠，因為恩比安對妳已經沒效。」我愣了一下才反應過來，結結巴巴地說我的失眠快把我逼瘋了，只有戊巴比妥鈉（三個禮拜前，我甚至還不認識這幾個字）能救我。「那麼我就開些戊巴比妥鈉給妳。用藥要非常小心。」醫生說。我感激不盡，但結果還是白忙一場。我把藥單拿給ＣＶＳ藥局的藥劑師。她沒有報警或通報ＦＢＩ，甚至沒有叫經理過來。她看看藥單，然後打了通電話，我晃去女性衛生用品附近，直到看到她抬起頭，才走去領藥櫃台。

「我幫妳訂了。」她說，我聽出她的德國口音。「我不敢保證有。這種藥很難取得。」

「但這是合法的。」我雞婆地說，告訴對方她原本就知道的事實。

「對，但這種藥在美國……流通不佳。妳十天後再打來問。」

我等了十天再打過去。

行不通。

「妳可以去沃爾格林藥局問問看。」她說：「他們的物流系統跟我們不一樣。我愛莫能助。」

我打電話問沃爾格林，那裡的藥劑師立刻說：「抱歉，我愛莫能助。」

行不通。

我可以從德國、丹麥或中國訂購戊巴比妥鈉，那在當地仍在生產與流通，但網路上說，海關會隨機進行包裹毒品偵測。我可以推說不知道是誰寄的，而且我的膚色和年齡或許是我的防護罩。但就算我不會坐牢，我還是拿不到戊巴比妥鈉，布萊恩也還是有阿茲海默症，而且狀況比現在更糟，而我卻辜負了他的期望。我想像警察上門找我問話，然後走進客廳問布萊恩問題。

我問了傑克關於暗網的事，傑克把他知道的告訴我。

「基本上就像Yelp（譯註：美國的商店評價平台）那樣，暗網是深層網路的一小部分，裡頭有些加密網站，要有特定軟體才進得去。你一旦進去，那幾乎像是新時代版本的分類廣告，但是更好，因為賣家都有評論。評論愈好，真正得到你要買的東西的機率就愈高。他們都用比特幣付款。那是儲存在數位錢包裡的檔案。你可以用信用卡或透過轉帳購買比特幣，或用其他商品交換，之後再用它來買東西。」

好喔。

「基本上，就是讓電腦去做一些很複雜的運算，然後偶爾會有比特幣冒出來。但到這裡實在太複雜，即使是很強大的電腦，可能也要好幾年才能挖到。」

好喔。

我跟傑克說，他幫了我很大的忙。我上網研究區塊鏈和混幣器是什麼東西。某天早上我發現，FBI不久前才關閉了暗網市場，包括其中一個最大的賣家評價網站和幾個混幣器。根據那篇文章，暗網社群人心惶惶。

所以還是算了。

我轉向當地賭場轉換心情，因為打從我認識布萊恩，他都是一個開心也算厲害（我認為）的二十一點玩家。賭博我一竅不通。我承認我覺得那挺白痴的。賽狗、賽馬、邊注、吃角子老虎、百家樂、二十一點，感覺都像把錢丟進大海。但那是因為我從中得不到追求刺激的快感，但是布萊恩可以。我在金神大賭場的網站上亂逛，看到了這個：

渴望豪華套房

渴望豪華特大床客房。標榜一千一百四十五平方英尺的寬闊空間，擺設極盡奢華。臥室配備高級特大床。客廳附有拉出式沙發床和自動照明衣帽間。寬敞的浴室配有 Jacuzzi 按摩浴缸，另有獨立的廁所和洗手台，裡頭的高檔設施讓頂級住房體驗更臻完美。

我寫過文案。當時的老闆告訴我：「如果你還得特別強調頂級，那就不是頂級。」我老闆說：「那就像男生說自己很搞笑一樣。」

我把這段文字念給布萊恩聽。他聳聳肩。

「你可以去那裡玩二十一點。」我說，但我不確定他還會不會玩二十一點。

「你想看看房間的照片嗎？」我問。

一如我所料，看上去是豪華客房的平庸版，簇絨地毯加聚酯纖維寢具，而且一晚要價一千美金。我們等於在花自己沒有的錢。我無法寫作，布萊恩又提早三年突然退休。儘管如此，他還是可以小賭一下，吃客像樣的牛排。我們會住進燈光昏黃、飄著香氣的房間，坐在絲絨座椅上。他喝加了很多萊姆片的氣泡水；我喝半杯馬丁尼，然後他去玩二十一點。他輸輸贏贏時，我在一旁看人，也許幾個小時後，他就會贏個五百美元回來。我拿出我的信用卡。我希望他臉色發亮，就像過去許多事都會讓他臉色發亮那樣。那種滿心期待、臉色發亮的喜悅——我們兩種起司蛋糕都點來吃；我們退休之後，去義大利中部的馬爾凱（Le Marche）住上一個月，搭個葡萄藤架（管它的，乾脆開間酒廠！）；開車去蒙特婁；賴一整個早上的床；這週末來看《貴婦失蹤案》（*The Lady Vanishes*）。那些就是我想念的東西。

凡事都提不起勁的黯淡人生，很難熬。

他不是故意逗我的。這也不是計較誰得到什麼、怎樣才算公平的夫妻角力（大多數時候，我們都不是斤斤計較的人。我是對義大利菜稱霸我們家的餐桌，還有烤肉醬被當作一種食物種類、但對我沒半點好處，很是斤斤計較。我婆婆曾經寄來一箱醃肉作為我們的結婚週年禮物，而且是十磅醃肉和三種烤肉醬）。布萊恩不是故意表現得對賭場興趣缺缺，好讓我轉而選擇到佛羅倫斯或巴黎度假，最後或許只是趁連假到曼哈頓一遊作為妥協。他做的事都跟我無關。賭場引不起他的興趣；小賭一把、想贏得或追求什麼的渴望，已經逐漸消失。像過去那樣在筆電上練好幾個小時的二十一點，準備晚上跟莊家和其他玩家大戰一場，彷彿是上輩子的事了。布萊恩再也沒有提起度假的點子。

整個秋天，我發現自己不斷在提議我並不想去的旅行。佛羅倫斯和巴黎，或其中一個；「那裡十一月底應該很美。」我說（心裡想的卻是：那一定令人無比哀傷，我會後悔自己沒有酗酒的習慣）。我提醒他，我們去了兩次海邊的度假勝地，兩次都是為了療癒喪親之痛（我爸媽）。他很愛那裡，我提醒他他所喜歡的一切：當時車子把我們載到一片私人海灘，我們開心地玩了幾小時，全身脫光光，但因為太老，已經沒法像費里尼電影裡的臨時演員那樣，脫光光還很高興。豐盛的下午茶讓我們跳過貴死人的午餐，他可以喝兩壺伯爵茶，在口袋塞滿餅乾，悠閒地消磨一個小時。我提醒他，有天晚上我們沿路走去一間小餐廳，遇到一個風情萬種的女服務生，我們兩人都被迷得團團轉。他聽著這些往事，只是露出淡淡的微笑。接著，我上網找他最愛的一間曼哈頓旅館的照片給他看，說起我們在旅館房間享用早餐，之後去散步，散完步又回來吃一頓更豪華的早餐的那個早晨。他搖搖頭，就像某個人堅持提醒你一些不重要的細節時，你會有的反應。

我辜負了他的期望。

願受幸運之神眷顧

美好的時光，依然帶有幾分甜蜜。如果無法很快睡著，我會問布萊恩能不能抱抱他。這時他會翻身側躺，讓我從後面抱住他，有時我會像過去（三年前）一樣把手伸進他的T恤，撫摸他光滑得不可思議的皮膚，聞他身上不曾改變的味道——木頭和肉桂味。我靠在他的肩膀上，一起看著難懂的蘇格蘭推理劇。我會在關鍵的十分鐘睡著，醒來時，布萊恩會告訴我為什麼搖椅或敞篷車或雞籠裡有血。我們在床上吃餅乾，我指著電視說瑞秋．梅朵換了唇蜜（不是壞事，但還是……），他稱讚我眼睛好尖，我們把餅乾屑掃到地上，反正沒人管。我大力拍打我的枕頭，把床頭櫃的東西都打翻了；他哈哈大笑，說我對自己、對他人都很危險。那些是我滿心渴望的時刻。我要的是這樣的生活。他嘆氣，我也跟著嘆氣。

難熬的時光，大概就像持續一整天的鳥飼料爭執。有時候，也會比為了誰對誰錯而爭執或籠罩他的憂鬱沮喪，來得更可怕；雖然我一點都不怪他，但那讓整個家愁雲慘霧。布萊恩收到一封老同學的電子信，對方問他能不能幫她和她先生規畫一趟釣魚之旅。這原本是他退休後想做的事，也就是當釣魚嚮導，像二十幾歲那時候一樣，帶有錢人去科羅拉多州健行和釣魚。他想了想，我沒多嘴，有幾度甚至伸手摀住嘴巴。他沒有辦法。他還是可以釣魚，也能示範怎麼拋餌，但已經沒辦法安排行程，而我也不想代勞。我可不想幫助別人前往豪薩托尼河，體驗終生難忘的釣魚一日遊。到時候我會忙著收信寄信，做午餐，一路當布萊恩的小助理。布萊恩自言自語了大概十分鐘，然後帶著些許感傷說：「我得拒絕他們。」他戴上帽子出外釣魚，我鬆了口氣，同時也想跑出去追他，跟他說：「如果你真的想，我們可以答應他們。」

整個秋天，我都在焦慮不安和堅定不移之間來回擺盪。猶太新年來了又走，還有贖罪日，還有一場聚餐（布萊恩在聚餐上玩猜名人遊戲時，意外地表現良好，我覺得自己像個傻瓜，竟然替他擔心），以及我們家自己過的十月節。十月節期間，我的兒子和長孫女伊莎朵拉從羅徹斯特跑來；我女兒、媳婦和我們的小太陽佐拉從布魯克林趕來（伊莎朵拉出生那天我們也在，正為了整修新房子到處奔忙，結果她提早到來，我們不得不直奔醫院，在醫院走廊上踱步，忙著接聽電話，擁抱並親吻包括護士在內的每一個人，用無神論者的方式禱告。如今布萊恩都喊她「親愛的」，以免叫錯名字）。大家都照著提示走了玉米田迷宮，在自己臉上或南瓜上面塗色，還騎了驢子，之後到主教果園餐廳用了豐盛的午餐。印象中，佐拉在一列穿越玉米田的小火車上跟我們揮手；伊莎和雙胞胎在乾草山上跳來跳去。但我對布萊恩卻印象模糊。我知道他走了迷宮。我知道他眉開眼笑，從大溜滑梯上溜下來（每見大溜滑梯，他必溜無疑）。我知道他一定點了烤玉米和豪華薯條，但我的腦海中卻不見他的身影。那年秋天的事情，我記得的不多，只有感恩節或光明節或聖誕節的片段。我知道我們一一慶祝了每個節日，我知道他在，所以我也在，心裡想著：這大概是最後一次了，也害怕不是，害怕我沒能幫他完成心願，前往蘇黎世，抵達河流的彼岸，無論用什麼方法。但我確實記得聖誕節，因為那次沒有往常那麼盛大，只有我們、孩子和孫女，我請求我姊姊別帶一家子過來，也不太在乎自己害他們失望。我之所以記得，純粹是因為我跟布萊恩拍了照片，他披著他父親的閃亮絲質浴袍，高大又威嚴，我則披著我那件破舊浴袍，眉頭深鎖。陽光從我們身後的大窗戶灑進來，我看起來像是個坐在長途火車上的老婦人，連腰都挺不直。

失智照護

樹葉轉成金黃和紅彤之際，我不再閱讀失智症的相關資料（包括阿茲海默症和其他型失智症：一種是枕葉萎縮，患者會先失明；一個是額顳葉萎縮，惡化得更快，甚至也更劇烈，連個性都會改變，要嘛變得固執而溫和，要嘛變得衝動又易怒，甚至出現暴力行為）。我不再研究各種結束生命的方式，以及這麼做會牽扯到的法律問題。

這幾週以來，我跟布萊恩都發現，離我們家才十分鐘車程的地方正在蓋一座失智照護中心，兩人也都有點好奇。我們常開車經過施工地點，也以各自的觀點發表了評論。布萊恩是針對它的建坪大小，我則認為它長得像紅頂飯店（譯註：美國連鎖飯店）。

昨天我們從超市開車回家途中，經過照護中心時我放慢了速度，布萊恩揮揮手，示意我繼續往前開。

布萊恩不在時，我還是不時偷偷觀看記錄失智症患者跟他們伴侶的影片，包括「失智日記」（譯註：失智症患者用聲音記錄生活的分享平台）和路易斯・泰魯（Louis Theroux）在二〇一二年拍攝的紀錄片《極端的愛：失智症》（*Extreme Love: Dementia*）。我也斷斷續續看了BBC製作的生命記錄系列，他們訪問了三名失智症患者。有一對夫妻的訪談，我一再重看。兩人六、七十歲，是那種眼珠湛藍、彬彬有禮的英國人，簡直像從特洛普（安東尼・特洛普或喬安娜・特洛普）的小說中走出來的某種階級和氣質的人。克里斯多福長相英俊，白髮蒼蒼，毛衣跟眼睛顏色很搭，身上散發著航海氣息。他是退休法官，過去十年從事跟船隻相關的工作，七年前診斷出失智症。他們家的壁爐架和櫃子上擺滿了照片。二十年前他英俊瀟灑，一眼就令人印象深刻，想必他現在的妻子一定被他迷得神魂顛倒。我想像她甚至為了他而離開頭頂漸禿、在做房地產律師的丈夫。她的小孩或許因此傷透了心，而且從未真正釋懷，但每次假期全家開心團圓，孫子孫女圍繞在身邊，她跟心愛的人終成眷屬，所以結局也算美滿，直到阿茲海默症降臨。這位妻子敏銳、深情，而且是道地的英國人。她說：「當過法官就知道，事情就像過眼雲煙，一下就溜走了。」他輕聲發笑，表示認同。她也跟著笑，以示鼓勵。她又說：「當然了，你永遠不知道你把誰或沒把誰送進監獄。」他又笑了，彷彿在說：「老伴，妳說的沒錯。」這部紀錄片，我看了三次，同時又寄了一次電子信到威斯康辛州、康乃狄克州和賓州，申請布萊恩的各種證明（出生證明、離婚證書、我們的結婚證書）。克里斯多福談起人要勇往直前、不要停滯或退縮時，會手握著拳往另一隻手的掌心一擊，以此動作強調他對生命的所有看法：「你必須不斷往前走，但是到了某一刻，你必須決定自己要做什麼。」

我想他指的是，陷入失智症的無盡泥淖之後，到了某個時刻，你必須決定你想待多久。他太太要不跟我的解讀不同，要不就是相同卻不以為然。因為她發自內心地說：「沒錯，你必須面對問題。」他說：「對，面對。」表面附和，但口氣不是很確定。

我真心喜歡他。幾分鐘過後，說起失智症和老年健忘的差異時，她開心笑著說：「你就是忘東忘西是吧（指的是她丈夫）？上了車卻忘了自己要幹嘛是吧？」他點點頭，咯咯輕笑。她表情痛苦，說著說著快要笑出聲，然後對著鏡頭說：「一開始還挺崩潰的。」

救生艇

我們還是沒通過審核，取得綠燈。我坐在韋恩對面，說不出話來。到他家中地下室的診療室報到時，我通常會撲向他的沙發，彷彿那是一艘救生艇，然後墜入深沉而短暫的睡眠中（三月我打電話跟他約診，之後我就一週來找他一次。幾次過後，韋恩用治療師的圓滑口吻說：「妳對我的回應似乎很在意也很敏感，或許躺在沙發上，妳會比較放鬆自在。」一邊說邊指著角落那張非常佛洛伊德、上面披了祕魯地毯的沙發。我不在乎那是不是他真正的想法，或者他只是擔心我會傷心到連坐都坐不直。總之，我立刻從椅子上跳起來，走去往沙發上一躺）。

這次我走進去，就端坐在韋恩的破舊扶手椅上，像是來朝聖哭泣的聖母像或是石化布料碎片之類的聖物。信徒不遠千里而來，我又有什麼資格評論這些絕望又恐懼的人們？我曾經考慮去找兩個我不認識的神經科醫生幫忙，說好聽一點，這兩人是有名的怪咖。我也還在尋找心態開放的醫生，不管是神經科醫生或精神科醫生都好，只要對方不會一聽到「尊嚴」就退縮。然而到目前為止，仍徒勞無功。

過去的我會說我「心都碎了」，如今我更瞭解「心碎」的意義，有點慚愧自己從前隨隨便便亂用這個詞，任由自己情緒氾濫。真是白痴。

我告知韋恩我問過或猶豫過要不要詢問的每一個人，還有每一次的失望。我詳細說明，面對不同醫生時遇到的難題，只為了證明我有多拚命。當我把神經科醫生的事告訴他，他蹙起濃密的雙眉。我屏住呼吸，心想：或許這就是我尋尋覓覓、會為我們帶來正義和慈悲的強大援手。我跟他說，我們需要一張診斷證明，說明布萊恩現在或過去都沒有絲毫罹患憂鬱症的跡象。

我還說：「若是你認為長壽很寶貴，只因為我們只來世上這一遭，或是你對上帝賜與的生命心懷感激，或是只要活得夠久，你的病痛在你有生之年可能有藥可醫，那麼你就跟我的想法不同。如果你是那種視死亡為敵人，認為活著就是勝利，無論生命有多孤單、痛苦或殘缺，而生活品質不過是廣大森林裡的一棵小樹，是一場浩大戰爭中可待商榷的好處，那麼你就跟我的想法不同，也跟布萊恩的想法不同。」

我告訴韋恩，我丈夫有三個處世原則：

不用凡事都打破砂鍋問到底。

寧可求人原諒，也不要求人允許。

如果眼看就要打起來，管它的，第一個出拳就對了。

從前，布萊恩還在耶魯打橄欖球時，有一次去哈佛參觀，在樓梯間被三名哈佛男生圍堵。他怪自己竟然被痛宰。他說他以為哈佛男生只會耍嘴皮子，所以連手都沒舉起來。韋恩聽完大笑點頭。

布萊恩做完測驗和核磁共振之後，神經科醫生在評估報告中註明，布萊恩得知診斷結果似乎很驚訝。我告訴韋恩，我不認為那是驚訝，而是因為他內心最深的恐懼被證實而難過，而他正在努力盡快理解背後的所有含義。我說，他不想像之前遇到那幾個哈佛男生時一樣，措手不及。

大恩人韋恩聽我說，眼睛沒看我。後來，他跟我說了越戰期間他被徵召入伍的事（他被徵召去當軍醫，之後開始從軍。他們告訴他，他可以當軍醫也可以當步兵，總之就是要入伍）。他說他想盡辦法幫助那些想申請緩召的年輕人，無論是在軍隊裡面還是外面（我印象中他是這麼說的。我緊緊抓著椅子扶手，抓到手都痛了，因為脈搏在耳中鼓動，我跟不上他說的話）。過了一會兒，他說：「所以，好，我會幫妳。」我在椅子上彎下身，摀著臉哭泣。韋恩靜靜坐著，不改醫生的威嚴。我抬起頭時，韋恩說我應該打電話幫布萊恩約面談時間，過程大概需要九十分鐘；結束後，他會把他的發現寫成一封信；如果這封信對我們的目標有幫助，我們就可以把信寄給「尊嚴」。他建議我在場。「為什麼？」我問：「你需要我在嗎？」韋恩聳聳肩（精神科醫生那種意味深長的聳肩，大概是說：「我有很好的理由，但我不會告訴你」），然後說：「之後，妳可能會慶幸自己在場。」

事實上，我確實很慶幸自己在場。那是一堂面談的大師課。我看見了布萊恩的所有認知缺口，就好像有人拿手電筒照洞穴牆壁一樣的清晰。我看著韋恩溫柔而專注地幫助布萊恩在時間中前進和後退，帶領他做特定的練習和廣泛的交談。我也看著我丈夫最後一次跟另一個懂橄欖球的耶魯校友聊天，享受兩人之間溫暖而深入的對話。

底下是韋恩為布萊恩所寫的信的最後幾段。這封信幫助我們通過「尊嚴」的審核，拿到綠燈。

我在阿梅奇先生過去的病歷和現在的行爲表現中，都找不到他罹患憂鬱症的跡象。他並沒有伴隨體重減輕、失眠或缺工等問題而來的嚴重情緒障礙。回顧他過去的經驗，我認爲他自己和幾年前治療他的醫生都犯了過度診斷的錯誤。更適切的說法是，他因爲可預期的生活壓力、挑戰和挫折而導致情境型焦慮。他成年之後的煩惱可能根源於童年時期失衡的家庭背景。他是家中六個小孩中的老大，父親是美國的橄欖球傳奇明星球員，母親很疼愛子女，但能力畢竟有限。他自己也是耶魯大學傑出的橄欖球員，此外他也在那裡修習建築課程。他娶了自己的青梅竹馬爲妻，但這樣的結合沒能禁得起長大成人後的種種考驗，最後以離婚收場，兩人膝下無子。離婚在阿梅奇先生虔誠的義大利天主教原生家庭引起一陣動盪。後來他再婚，過去十二年的婚姻生活穩定、富足而充實，跟妻子艾美的兒女和孫女也成了一家人。根據他本人的感人描述，在他們身旁，他找到了更豐沛的愛、喜悅和人生的意義。

阿梅奇先生估計，他目前的記憶力還剩六到八成。我的估計比較接近四到五成。在他放鬆時詢問他社會安全號碼時，他答得吞吞吐吐，也無法倒著重複一遍。他的記憶功能在日常的每一天和診療時，都時好時壞。他可能是從周圍人的反應，才更加意識到記憶流失對他人造成的困擾和沮喪。他用簡單、直接但深刻的詞語描述自己的經歷，某些呈現方式也很類似一般人。他跟妻子從日常生活步調中獲得樂趣，例如出門辦事或採買居家用品。他過著充實又有成就感的生活，比如親近大自然，熱愛釣魚，設計過退休社區和體育設施等等。他痛恨認知之火閃爍不定、日漸黯淡的殘缺生命，不願一天天陷入自我消逝和死亡終點的黑暗中。目前他心智正常，判斷力健全，未受精神疾病或人格障礙的影響。面對當前的考驗，他在規畫人生和做決定的表現上，仍屬於正常範圍。

他是一個堅強、意志堅定、具備勇氣和毅力的人。

韋恩一週內就把信寄給我。我回信跟他說謝謝，順便請他隨便擺上幾個頭銜，從前的也可以。於是他放上一長串頭銜，長到簡直像在搞笑模仿精神分析界名人錄。如果他真是那種人的話，應該加上某個根本不存在的虛構國家的首相。我把信寄給「尊嚴」，然後靜待海蒂回信。我不認為應該把信拿給布萊恩看，他也沒說要看。

「我喜歡跟韋恩聊天。」他說：「這人對福特漢姆大學傳奇的花崗岩七人進攻鋒線瞭若指掌。是個好人。」

二〇一九年十一月底，石溪村

感恩節前夕，布萊恩又跟「尊嚴」進行了一次電話訪談（這次他記得**阿茲海默**這個詞，也記得是瑞士，不是瑞典），海蒂說我們拿到了臨時綠燈，還跟我們透露她的真名是S。我們輕聲跟她致謝，她嘆了口氣，像個終於把飛機安全降落的飛行員。她說：「阿梅奇先生，祝你有個美好的週末；布魯姆太太，妳也是。」她說，之後我們會收到更多電子信件，說明細節和需要的文件。這通電話是我們從八月以來努力達成的目標。

我們終於聽到要聽的回應，布萊恩在第一時刻緊緊擁抱我，因為我們一起達成了目標，而他本來就喜歡團隊工作。接著，那道光變得黯淡；以後，我會活在一個沒有他的世界，他也清楚看見世界沒有他依然繼續運轉，我獨自在廚房裡，沒有他陪在身旁。確定電話掛上後，我們抱著對方哭泣，一句話也沒說就上樓午睡，雖然才早上十一點；直到孩子們走進門，展開感恩節的準備工作，我們才下樓。

布萊恩跟平常一樣樂在其中又講究地做著三明治時，我把事情告訴孩子們。大家擠在廚房裡，聽到消息都臉色沉重，但也鬆了一口氣，因為布萊恩終於能做他想做的事。除了布萊恩，大家都淚眼汪汪、滿臉憂傷。布萊恩把我女兒凱特琳拉到一邊，囑咐她好好照顧我；她說她會，我站在門口流淚。吃完三明治，他便上樓去看新聞。

我開始打翻東西。我把陶瓷烘焙石掉到廚房地板上。我把整罐玉米糖漿掉進一碗奶油蛋液裡。我把麵包烤焦，甚至把一塊派烤到烤箱著火，另一塊則是加了四倍的波本威士忌，只有肯塔基酒鬼才吞得下肚。這不只是因為我什麼都抓不住（也可以當作比喻），也因為我不在乎，而且不打算花力氣改善。我把掉到地上的大部分烘焙石撿起來，只叫大家走路要小心。孩子們的媽媽努力撿回我漏掉的烘焙石，我也任她們去撿。我把那罐玉米糖漿丟掉，之後也丟了那碗奶油蛋液。我把烤焦的麵包留在烤麵包機裡，心想反正等到有人要用烤麵包機就會把它清掉。我想，一個人就是這樣走進了「灰色花園」（譯註：Grey Gardens，這是一部美國紀錄片，描述上流社會的一對母女離群索居、把豪宅住成垃圾堆的故事，後來改編成電影）。

我沒有精力像片中的主角穿著緊身衣和短襪跑來跑去，但現在我明白為什麼老人會習慣灰塵、黏膩、有點髒的環境和發霉的毛巾。不是因為他們看不清楚，或是沒力氣收拾，而是因為他們經歷過太多風風雨雨。當你已經把所有知心好友都送走，你還能對咖啡杯上的口紅印或相框上的灰塵感到多生氣，更何況照片中的人還是你再也見不到的人？你送走了兩任妻子，送走了兩個深愛你、但離你而去的兄弟，這樣的你還會多認真看待磨到破爛的椅背（現在呈現一個破洞）？視野變寬當然很有用，所以很少有人願意重回十八歲就是這個道理。但從另一角度來看，由於視野變寬了，你很難關心、在意現實生活中的瑣碎小事。

對我來說，小孩永遠是例外。我看著他們——我的三個兒女和四個孫女，內心充滿感激，因為要不是他們，我們早就活在垃圾堆裡，手裡只抓著遙控器。

感恩節過了，聖誕節即將到來，我婆婆也是。

我跟布萊恩從婆婆認識五十年的知己好友的故事中，得知阿茲海默症的大概狀況和詳細過程。婆婆伊芳最好的朋友，布萊恩要叫她阿姨。她常來他們家一起吃晚餐，穿著打扮無懈可擊，風格類似美國前第一夫人南西．雷根（訂做套裝搭配翻領上的藍白色絲質胸花和寶藍色耳環，我很欣賞她），高爾夫球打得很好，熱心做慈善（但動機令我厭惡），是我婆婆看電影、吃晚餐、到俱樂部喝一杯的好姊妹。近幾年，她墜入阿茲海默症的深淵，速度快得宛如坐上快車。一開始，她抱怨打掃阿姨，接著抱怨偶爾來訪的客人，再來抱怨她的兒子。接下來，她開始抱怨貴重物品被人亂動，甚至被偷。後來她再也無法辨別方向，連白天也一樣，即使是她走了五十年的路，所以每次兩人去俱樂部或傍晚去看電影，只好由我婆婆開車。之後，她變得暴力又愛哭，對她無法控制的真實或想像的可怕力量感到害怕。於是她兒子把她送去安養院，她痛恨那裡也大聲表達不滿。之後，她已經無法在公共食堂控制自己的行為，或穿上適合的服裝去上瑜伽課，甚至無法維持身體清潔，或是跟照護員和睦相處。她兒子只好把她遷往失智照護中心。後來她掉了一顆又一顆的牙齒，整天坐在床上盼著能離開。她維持得還算乾淨，但是穿著怪異。她還認得我婆婆，每次婆婆去看她，她都哭著求好友帶她回家。這些過程，婆婆都巨細靡遺地說給我們聽。

十二月初，伊芳來訪。我們一起用了晚餐，桌上都是她帶來的義大利佳餚。伊芳喝了一點伏特加，我們早早上床。隔天我跟伊芳很早就起床（那年我似乎每天都看得到日出）。我跟布萊恩認為，是跟她分享我們的大致計畫的時候了。那就是：飛往蘇黎世之前，布萊恩會寄一封電子信給家人，告訴他們他決定前往「尊嚴」；之後我會寄給每位親友第二封他擬好的信，告知他的死訊：

親愛的朋友：

你們有些人已經知道，有些人可能還不知道：今年夏天，布萊恩診斷出早發性阿茲海默症。那段日子對我們來說艱辛、難熬又心痛，但過程中有兩件事從未改變。一是我們全家人對他的愛和支持；二是布萊恩深思之後，確定他往後十年不要展開阿茲海默症必經的「漫長的告別」。

布萊恩深愛他幸運的妻子、他的生活，還有釣魚、橄欖球、小說，以及周圍所有的親朋好友。他下定決心並著手安排前往蘇黎世的「尊嚴」，在我的陪伴下平靜且毫無痛苦地結束生命。

這段時間以來，他雖然深受打擊卻展現無比的勇氣，縱使面對生命終點，對家人的愛和關心也絲毫未減。此外，他持續創作藝術，到電車步道散步，在他全心全力支持的計畫生育聯盟（譯註：支持並協助避孕、節育及墮胎的美國非營利組織）服務。

布萊恩．阿梅奇的追思會將在二〇二〇年二月八日星期六下午三點，於康乃狄克州布蘭福德鎮的威樂比華勒斯紀念圖書館舉辦。期待各位蒞臨（任何有關追思會的疑問請洽：某某某，電子信箱：XXX@gmail.com）。

若您想爲他的生命留下紀念，請捐款給計畫生育聯盟。

艾美　敬上

布萊恩打算在上飛機之前，寄出他的那封電子信。他說，這麼一來，他們就沒有機會阻止他，而他也算是跟每個人都道過別，即使他們並不知情。

這個計畫不是太好，最後我們還是做了一些改良。雖然沒有給他的弟弟妹妹太多介入的空間，也沒有留給我們太多最後的告別時光，但對布萊恩而言，重要的是通知他們、但不給他們插手的機會。

我在電話中對伊芳守口如瓶，只是在家裡跟她面對面，就很難再守住祕密。婆婆二十五歲就有四個不到五歲的小孩，之前才痛失幼子保羅（布萊恩說，他是他們家最貼心的小孩），如今又要失去一個寶貝兒子。我很愛我婆婆，她是我意想不到的支持者。即便布萊恩早就決定離開費城的家族圈，但他很愛伊芳，超級敬佩她的韌性和決心，也常常引用她最愛說的一句話：「我們來這裡，不是為了長命百歲，而是為了享受生命。」

你可以想像他有多常說這句話。

（我第一次去見伊芳的時候，布萊恩甚至還沒跟第一任妻子離婚。我出現之前的一小時，他決定把壞消息一次說給他母親聽：離過婚，有三個小孩，職業婦女，猶太人，雙性戀。聽完她眼睛眨都沒眨一下。那天吃過晚餐，伊芳拍拍我的手，走去廚房打電話給布萊恩的弟弟妹妹，基本上就是要大家支持我們在一起。）

儘管如此，伊芳畢竟是虔誠的天主教徒，頭髮永遠弄得整整齊齊，喜歡在St. John套裝外面披條漂亮的Burberry圍巾，不習慣探索完全陌生的世界。她並非我理想的傾訴對象。我站在我們家二樓伊芳的房間外面，等到聽見腳步聲、門後傳來東摸西摸的聲音才敲門。她開門讓我進去，整個人已經梳妝打扮好。我坐在床上，她坐我旁邊，我把我們要去「尊嚴」的事告訴她。她縮起身體，開始擦眼淚，我雙手交握等候她的反應。我不希望場面失控，但如果失控，只希望能在布萊恩醒來之前發生。

接著，她說：「我鬆了好大一口氣。昨天晚上我想通了。我整晚都在跟上天祈禱，後來我發現自己祈禱的是他不會像喬安娜一樣受苦。我很驚訝自己鬆了口氣，但確實就是這樣。」

伊芳談到她可愛又迷人、跟她情同姊妹的好友的悲慘人生，還有即將到來的悲慘死亡。我們握著彼此的手哭泣，她說我是上天送給她兒子的禮物；我撲進她懷裡，彷彿她是我的親生母親。後來我們下樓跟布萊恩一起吃早餐。伊芳握著布萊恩的手，說起巴弟的事。巴弟是個四肢癱瘓的年輕人，跟她很熟。她邊喝咖啡邊跟我們說，巴弟的兄弟開車載他到一家汽車旅館（在密西根嗎？布萊恩狀況不好時，肯定會這樣問：「誰的兄弟？什麼時候的事？我非聽不可嗎？」）。他們打算在那裡跟傑克・凱沃基安（Jack Kevorkian，八〇年代幫人安樂死的「死亡醫生」）會合，由他幫巴弟注射致命藥物。

布萊恩說：「媽，這些全是妳擅長的事。」他指的是死亡和臨終。伊芳點點頭表示同意。我上樓拿兩條圍巾下來試戴給他們看，問我跟新的經紀人吃午餐該戴哪一條。後來我戴了伊芳選的那條。「高雅，但又不會太陰沉。」她說。我不知道自己最近看起來如何，布萊恩以前都會點評幾句（通常是好話），現在根本不會注意我的穿著。多年來，我穿衣服都會問他的意見，過去三年我常嘮叨他的穿著（漁夫帽＋

Brooks Brothers 馬球衫＝流浪漢），但現在也不會嘮叨了。

我們請伊芳不要把我們的計畫跟布萊恩的弟弟妹妹說。她一口答應。

「那應該由你們自己去說，而不是我。」她說：「等你們準備好，再告訴他們。」

「我知道這個祕密很難守住。」我說。

她用貴婦十足的口吻哼了一聲，說：「我都八十四了，守得住祕密的。」

布萊恩笑了笑，再一次跟他母親說，她可是個死亡專家。伊芳年紀尚輕的時候，就照顧過並送走不到中年的父母；之後還有她疼愛的妹妹，她家因此變成妹妹的安寧病房；再來是她同樣疼愛的姊姊、她的貼心兒子保羅，保羅當時還是大學生，還有兩任她深愛的丈夫。這還沒算（伊芳後來說的）她已經過世的朋友們。

她說，這六個月來她參加了八場喪禮，接著一一列出過世的朋友、他們的死因和家庭狀況（中風、丈夫有漸凍症；心臟問題，小孩在洛杉磯之類的）。她描述的時候就事論事，卻不免感傷。為了振奮心情，她開始回想家人在保羅死後拍攝的影片《喪親之痛：阿梅奇家族的故事》，這是記錄人類韌性的系列記錄片之中的一部。片中拍攝保羅在一九八一年平安夜車禍身亡之後，對全家人的影響。伊芳說她記得布萊恩當旁白所說的一句話：「人人都避談死亡，但有生就有死。」我看得出來，她跟布萊恩都很高興，因為他年紀輕輕就那麼有智慧。

我脾氣很糟又累壞了，隨時準備要小睡片刻。我給自己倒了第三杯咖啡，然後想：「呃……那個人說出那句話時，也快三十歲了。」看來阿梅奇家的人，之後會拿布萊恩敏銳的先見之明和達賴喇嘛般的智慧大做文章。這一切都令我生氣。伊芳愛她的兒女，絕不會錯過讓他們站在燦爛奪目的聚光燈下的每個機會，但我多半很抗拒，即使沒什麼好理由。反正我就是臉很臭的節目帶位員，喃喃抱怨演員的衣服沾到義大利麵醬，台詞亂念一通。還有，到現在我都不太瞭解那個拍攝計畫是怎麼成形的，但阿梅奇家族的這部片子真的有上映；我也知道片子完成後，我婆婆曾經有一段到各種研討會談論傷痛的短暫生涯。布萊恩的失智診斷出來，以及他過世之後，伊芳努力把自己放在所有幫助人走過悲傷的人士認為她應該站的位置。然而，自己在家或跟女兒、朋友在一起時，她任由自己變回一個被悲傷淹沒的母親。我們講過一通短暫的電話，她在電話中哭著跟我說，她只想多跟他相處一會兒。我也有完全相同的感覺。原本我想要安慰她，最後忍不住跟著一起哭，然後兩人口齒不清地對著濕答答的電話筒說再見。

她跟我們在一起，以及後來陪伴我時，從不以自己的悲傷為中心，刻意避免自己成為第一個哭出來或哭得最大聲的人，也很少提起自己的傷痛。布萊恩說得沒錯，她真是他媽的令人欽佩。

載伊芳去火車站途中，我專心開車（這一年我總共出了五次車禍：一次車子全毀，至少有四次完全是我的錯）。我聽到她在車上跟布萊恩熱烈討論鮑伯神父是不是同志的片段。我猜伊芳打算找他主持布萊恩的費城追思會，但我不知道這件事已經開始安排。雙方你一句我一句，但最後兩人都聳聳肩，表達他們對鮑伯神父的喜愛（她強烈，他溫和）。然後布萊恩對他母親說，如果她想在費城教會為他辦一場追思會，他不會介意。他還說，他可能想把自己的骨灰跟父親和弟弟保羅埋在一起。我第一個想法是：他已經為自己的骨灰要埋在哪裡，規畫了四個不同的地點。伊芳對這一切都很滿意，之後便離開了。她是前來我們家的阿梅奇家族隊伍的第一人。

正當我們一一過關斬將往「尊嚴」邁進時，我們沒有告訴布萊恩的家人之後會發生什麼事，對我們希望會發生的事更是含糊其辭。他有個弟弟說了「順其自然」之類的話，我們嗯嗯幾聲就敷衍過去。同一個弟弟說，**另一個**弟弟發現布萊恩上次回家不太對勁；那時是春天，布萊恩還沒診斷出阿茲海默症。那年春天，伊芳把房子清空，打算搬去安養院，她要五個小孩回來拿走她不想要的東西。她告訴布萊恩，他十六歲抓的那隻鯊魚做成的巨型標本（三百六十磅）在地下室等著他。布萊恩想要保留。親愛的讀者，我可不想。大多數時候我都希望他心想事成，但我們家不大，我可不想在矮牆上放這隻鯊魚。

我建議布萊恩，說不定耶魯會想要（我願意把它送給他的小學、這裡的圖書館、附近的 Lenny & Joe's Fish Tale 餐廳，只要不放我們家都好）。打過幾通電話，確認沒有大學想要一個少了幾顆牙齒的巨型鯊魚標本，我們把目標轉向耶魯釣魚社（沒錯，真有這個社團，現在我愛死他們了）和他們的活動場地：耶魯戶外教學園區。要拿到鯊魚標本，就表示得在一天之內開著出租貨車到他母親家再開回來，來回兩百哩，之後再開三十五哩到戶外教學園區，把鯊魚卸下來交給園區的人，再開車回家。

布萊恩跟我一起合作。他負責確定要聯絡的人跟要做的事，我負責打電話或寫下打電話要詢問的事（他們幾點開門？幾點關門？有人能幫你裝貨或卸貨嗎？）。我們就像一對在海邊蹣跚漫步的老夫妻——先生負責找貝殼，太太負責撿，兩人抓著對方保持平衡。前後花了兩個禮拜，最後一切安排妥當，布萊恩也成功達成任務，途中隨時跟我保持聯繫，最後平安到家，精疲力竭但心情平靜。唯一美中不足的是，他有個弟弟因為一點誤會而發脾氣。他是個凡事按表操課、不能忍受犯錯的人，所以我也沒在意。我甚至沒意識到要安排這一切有多困難，要打多少電話給同一批人，後續又得比平常多打多少電話。我們就這樣傻傻去做了。

我很慶幸布萊恩在診斷結果出來之前拿到鯊魚，那時我們還不知道他不該再開車上路。夏天快結束之前，耶魯戶外教學園區的人打過幾次電話給布萊恩，問他鯊魚標示牌要怎麼寫，以及如何展示這件宏偉的標本，但布萊恩已經跟不太上。他忘了他在哪裡捕到那條鯊魚，還有當時的情況，儘管家裡有一張他十六歲、一頭金色長髮、穿著運動長襪的照片（金色大相框），一邊站著他父親，另一邊就是那隻鯊魚。

我們把布萊恩的診斷結果告訴家人之後，他的弟弟妹妹都跟我說，鯊魚行那次他們就覺得不對勁。我很生氣，卻也不驚訝沒有一個人打電話問我：「布萊恩還好嗎？」我不知道自己為什麼生氣。我不知道是不是因為想到他們目睹了布萊恩的脆弱，然後私下討論，還是因為他們沒有趕緊告知我他們的發現，給我一些支持（我會想要他們的支持嗎？我會想要他的某個妹妹打電話來說：「唉，布萊恩肯定是愈來愈健忘了。」那對誰有幫助呢？）。我之所以生氣，只是因為他們看見他在掙扎，他們可以當個旁觀者，而他已經不在了，他們仍在這裡。多半時候，我生氣就只是因為這個。

二〇一九年冬天，石溪村

太陽在下午四點二十八分下山，我們還在解決「尊嚴」的一些小問題（布萊恩不到五分鐘就找到一份他的出生證明影本，我們又驚又喜。掃描之後，我們把證明寄出；其實是我掃描之後把證明寄出）。隔天「尊嚴」回信說，我們已經往正確的方向邁進，他們還是需要出生證明正本，於是我們寄出正本。兩週後，S通知我，出生證明的格式**不對**。於是我聯絡基諾沙的戶政事務所，十天後就收到新的證明。我們把新證明寄給「尊嚴」，十天後他們寄電子信通知我們新證明的格式無誤，現在我們更確定拿到了綠燈。

我們終於願意讓婆婆將這件事告知布萊恩的弟弟妹妹。我說歡迎大家來看我們，給我們支持和鼓勵。有個弟妹強力建議全家到費城聚餐，同時為布萊恩慶祝並跟他告別。我用四種不同的強烈語氣拒絕了她。我知道大家會陸續來看我們，多半時候也很開心期待。布萊恩說：「我不要再去一次費城。」

他的妹妹打電話給我，也打給布萊恩。他們很關心也很難受。有個妹妹一週內會跟伊芳一起來訪。另一個妹妹會跟丈夫一同前來，布萊恩很喜歡這個妹夫。布萊恩的一個弟弟會跟伊芳來一趟。另一個弟弟則是打算跟太太一起過來。布萊恩的姪女自願安排大家的時間，她盡了全力，但最後打電話告訴我，她負責的時間協調工作如我所料不幸失敗，大家最後想怎樣就怎樣。我對她的感激難以言喻，這個求好心切的可愛女孩竟然自願去說服叔叔、阿姨和奶奶互相協調時間，來跟布萊恩做最後的道別。要是我，才不會接下這份工作，而且她跟家人強調，布萊恩的舒適便利才是最重要的事，而艾美跟羅威納犬一樣凶巴巴，對這一點絕不會讓步。她幫了我們很多忙。

最後，有個弟妹和一個妹夫（不是夫妻，我從不知道他們走得很近）決定一起來訪。我們很訝異，連布萊恩也是。之後，兩人為了時間或開車或避開尖峰時段起了摩擦，他決定不跟她一起出發，卻又不高興她一個人來。一個禮拜後，他跟伊芳一起出現。另一方面，我們這位弟妹確實自己一個人跑來，帶來了食物和親吻。我看得出來布萊恩很高興看到她、她美麗的臉龐、溫暖的擁抱，還有她對他的崇拜。對我而言，她要待一個禮拜都不成問題。她活力充沛，說話很快，我們覺得這樣很好，也很高興她來，即使全家人都不贊成她自己跑來（我不太確定為什麼。如果他們是我的家人，我就可以告訴你原因，即使我選擇不說。只是布萊恩的家庭對我來說，仍像另一個國度；我會說他們的語言，卻不會他們的方言）。布萊恩跟家人通電話似乎還算順利。他收到幾封婆婆好友的感人來信，他們從小看著他長大。他的反應一週比一週淡然。

有個老友寄來好幾封電子信，又是懇求又是責備，而且一再搬出我能想像最不具說服力的論點（我在網路上看到……沒有迫切性……），每次布萊恩都和善又克制地回信給他。

一月之前我們都沒事。一月六日「尊嚴」重新開放，在那之前還有聖誕節和光明節要過。沒人為此感到開心，大概只有我例外。理由說來奇怪。我知道這會是我們一起度過的最後一個聖誕節，但我也知道之後我們還保有一些相處時間。

我跟姊姊說，布萊恩跟我今年除夕就不跟他們夫妻一起去佛蒙特的豪華度假勝地跨年了，雖然最近幾年我們都是這樣過的。艾倫希望我去。她說或許這是分散注意力的好方法。「我只是想要延續我們曾經擁有的東西。」她說。她很貼心也很真誠，但我感覺到自己鐵了心。我認為那些事從此與我無緣，我也盡可能用嚴厲的語氣說：「布萊恩跟我往後都不會再閒坐大半天，跟最愛聊『我們正在計畫春天去玩個痛快，你們呢？』這類話題的人聊天，就算配著魚子醬和法國香檳也一樣。那樣會很尷尬。」我說得很不客氣，深愛我的姊姊說：「懂了。」

聖誕節那天，我幾乎無法忍受跟姊姊說話。那是我們三十多年來第一次沒有一起過猶太聖誕節（平安夜吃中國菜，聖誕樹上掛玻璃做的光明節陀螺和幸運餅乾）。吃完飯後，布萊恩因為感冒上樓休息，我開始拆解聖誕樹上的裝飾。

我正練習著守寡，準備好以後什麼事都自己來：自己拆聖誕燈飾，聽布蘭妮・霍華的歌，然後來塊餅乾。真正的守寡才不是這樣，好比我們的孫女艾薇握著拳頭在頭上揮舞，然後凶巴巴地說：「我這樣做的時候就會獲得神奇的力量，你們都抓不到我！」扮演超完美祖父母時，我們都假裝抓不到她，但有時我會發揮我爺爺的精神，化身為現實主義的燈塔，狠心又興奮地上前抓住她。

我在客廳裡等著，假裝自己是寡婦，心裡知道我終究會被抓包，但現在我還不是寡婦，只是個哭哭啼啼又煩躁不安的妻子。布萊恩很快就會離我而去，即使我不知道會多快，他現在還在感冒。我想應該是感冒，不是胸膜炎；當我想到有一天他不會在樓上、不會感冒、不會像我跟他說過的病得比誰還嚴重，我就焦慮到伸手去扯枕頭上的流蘇。有一次我告訴他，我有朋友得了轉移性乳癌，但都沒有像他抱怨感冒那麼常抱怨自己的病痛。以後我再也無法跟他說這些話。

跟布萊恩在一起之前，我有過兩段感情，兩次都是因為我想離開才結束。在那兩段關係裡，我到最後都不覺得寂寞，因為我有小孩有朋友有工作，而且很享受獨處。

即便覺得被冷落、被欺騙或沒有被好好對待，我也知道另一半愛我也需要我，即便他們跟我希望的樣子有些差距，我仍然知道自己是他們生命中很重要的人。然而，現在跟布萊恩在一起，有時我比孤單還更孤單。我從他的內在風景中消失了。並不是說我被連根拔除，而是我不在那裡，從頭到尾都不在。這些時刻令人痛心。但我沒有因此對他大吼說：「嘿，我也是個人。」而是替他泡杯茶，加一大匙蜂蜜，端上樓給他。他張開眼睛露出微笑，然後說：「謝謝。」那時我才明白，在他身旁也一樣痛心。

我打電話給蘇西・張，請她幫我算塔羅牌，因為她跟韋恩現在是我求助的唯二專業人士。我跟她說，「尊嚴」要我們等到一月六日之後。我問她在這趟旅行中看到什麼，那是我唯一的問題。她說她要去把傳統的偉特牌拿出來，對我來說那就是「咱們言歸正傳」的塔羅牌。沒有讓人分心的華麗圖案，沒有作為隱喻的烏鴉，沒有因應現代的性別重塑（這方面我也有話要說。十七歲那年夏天，我週五晚上的打工就是幫格林威治村桑多里諾餐廳旁邊的羅莎夫人拉客。我的工作是在她的店面前走來走去發傳單，說些類似「羅莎夫人，一次五塊，無所不知」的話招攬客人。羅莎夫人打烊休息之後，在我坐上火車回長島之前，我會為她泡一杯茶，兩人小聊片刻。「看鞋子。」她說：「有錢人通常不會穿便宜的鞋子。」「看他們的手是嫩是粗。」「沒人是因為開心才走進來，孩子。」她跟我找過的諮商師或心理師相比毫不遜色。羅莎夫人用的就是偉特牌。她還跟我說，她有一副一九一〇年發行的原版偉特牌）。

蘇西．張說一切都會順順利利，沒什麼波折。我問她，我們到了蘇黎世之後他們會不會變卦（對我來說，那些都是認真嚴肅的醫生做的認真嚴肅的精神評估。儘管S已經跟我們說了她的真名，每次對話她依然一直強調「臨時綠燈」的「臨時」二字）。蘇西．張為布萊恩抽了一張牌，牌面上是一個男人在過橋。「他不會有事的。」她說。他下定決心要往前，橋也很堅固。我不停地流淚。她停止說話。我告訴她，他們可能會讓我們選幾個日期。

「你們要選他們提供的第一個日期。」她說。

「那可能表示我們得趕在──」

「你們要選他們提供的第一個日期。我的意思不是說，你們如果選後面的日期就克服不了種種困難，但我確實看到了阻礙。」（果不其然，我飛回家的時候，新冠肺炎的報導開始紛紛出現。）

我丈夫

認識布萊恩的時候（嚴格說來，也不是我認識他的時候；因為我剛認識他的時候，覺得他狂妄自大，一聊起釣魚、話又臭又長，而且該去剪頭髮），他有點讓我想起某個人。不是我媽，也不是我爸——我爸是個基因好得沒話說的男人，但是缺乏浪漫和生活情趣，就跟門檔一樣無聊。我早就知道自己不適合道德高尚的人，這樣的人無法面對自己的缺點或承認自己醜陋的一面，還會不厭其煩跟你解釋，你不該因為他們的行為舉止而受傷，因為他們沒有要傷害你的意思。而事實證明，布萊恩很能夠接受自己的缺點（甚至是嚴重的缺點），多半時候我都很愛這樣的他。

診斷出爐之前，布萊恩會開玩笑說要重拾喝酒的習慣。我從來不是個好聽眾。當年我們約會時，布萊恩晚上多半會喝一大杯雙份伏特加。當我告訴他冰鎮伏特加的標準分量只有兩盎司（感謝我待過的酒吧和餐廳對我的栽培），他驚訝得目瞪口呆。我的兒女在我前兩次關係裡，目睹過不少體面大人酗酒的血淋淋例子，現在回家在冰箱看到一瓶伏特加都很驚愕（我是會喝酒，但像猶太人那樣喝得很節制，可不像我某個喝烈酒像喝水一樣豪邁的祖先）。

我來自一個餐具櫃上長年放著一瓶西班牙提歐雪莉酒生灰塵的家庭。有次在爸媽家，我給自己調了第二杯琴湯尼，我媽就擔心地嚷嚷說我在康乃狄克州發生了什麼事。我沒叫布萊恩不要喝酒，但我確實要他別在我工作的場合喝酒。有一次，我去參加一場盛大的文學節，覺得無聊又煩躁，而且錯就錯在把這件事告訴了布萊恩。十分鐘後，喝酒壯膽的他，天不怕地不怕的個性跑了出來。他付錢給接駁車的司機，要他立刻把我們兩個載回飯店，但司機原本再過幾小時就得載講者回飯店。我還得去跟司機解釋狀況，讓他收下布萊恩給的五十塊美金，然後跟布萊恩說，我不能也不該那麼早走。後來布萊恩到小巴上打盹，直到我覺得離開不會失禮，我們才走人。在那之後，他就不曾在我的工作場合上喝過酒，在我們的婚禮上也沒有，六個禮拜後，他再也不碰酒精。

過去幾年，布萊恩會說：「我八十歲的時候可以再喝酒嗎？」我會說：「拜託別再喝酒了，但你八十歲可以開始抽大麻。」（他喝醉的時候會變得暴力，亢奮的時候話很多又討人喜歡。）然後他很講理地說，他會等到八十五歲再喝酒**或者**抽大麻。我同意八十五歲很OK，但如果他喝醉跌倒，就算已經九十歲，我也不會扶他起來。他回我：「合理。」

我之所以嫁給他（不顧「誰都不該第三次跟人結為伴侶」的所有絕佳理由），是因為剛開始，他讓我想起這輩子最符合我心目中父親形象的人，那就是我九年級的英文老師。他過世時，他的朋友都哭了，包括八十歲的撲克牌友、教學生涯的同事好友、各年齡層和各類型愛他的學生。他又老又胖還有糖尿病，而且往往說話很直。女人受他吸引，我的兒女喜愛他，大多數男人也很喜歡有他作伴。他忠誠、跋扈、迷人，喜歡別人關心他，心胸寬大，大概是我認識最自私、最可愛、最有憨膽的人。後來我遇到了布萊恩，才又找到另一個像他這樣的人。

我們結婚三週年紀念日那天，布萊恩傷到他的背。我回家發現他在我們的臥房裡，衣衫不整，比全身光溜溜還狼狽。他提早下班，身穿T恤，圍著一片用魔鬼氈固定的大片白色護腰，腳下一雙通常藏在西裝長褲底下的深藍色襪子。他脫掉了四角褲，因為本來要躺一下；內衣和襪子還沒脫，是因為背痛到沒辦法把手舉高和彎腰。看見鏡中的自己，他哈哈大笑，還戴上他的黑色紳士帽，擺出超級名模娜歐蜜・坎貝兒的姿勢，為我展示整體造型。這就是他。

二〇二〇年一月三十日星期四，蘇黎世

過了一夜，隔天早上有車子來載我們去普費菲孔。「尊嚴」的公寓（或房子，我也不確定）就在那裡。那是位在工業園區的一棟住宅。有兩個態度親切、穿著毛衣和西裝褲的小姐出來迎接我們（我的意思是，我感覺得到她們的用心，沒有隨便套件運動服就跑來）。她們特別穿戴整齊來帶我們過河，很認真看待這件事。我第一次被這樣體貼入微地對待，但這一切又是那麼不著痕跡。她們領著我們走進去，爬了幾層樓梯抵達門前，我看見一座積雪覆蓋的花園，就是你會在工業園區見到的那種想要營造成花園的空間（現在是一月，六月時這裡可能花團錦簇）。然後，我們走進一間寬敞、奇特且一塵不染的房間。房間每個角落都有坐的地方，總共有兩張小扶手椅、一張人

造皮大躺椅、一張人造皮沙發，還有一張病床。後來我才想到，這裡所有能坐下來或躺下來的東西都要能夠清洗，是很重要的事。房間中央是一張桌子，周圍擺了幾張椅子。小姐把我們的文件拿到桌上，並為我們指出許多放了巧克力的碗。她們幫我們複習了所有的步驟，我跟布萊恩都會背了。她們仔細看著他說：「過程中的任何時刻，包括喝下止吐藥之後，你都可以喊停。我們會非常支持你改變心意，請放心。」我們很放心。布萊恩唯一顯得勉強的時候，是服用戊巴比妥鈉之前特別多話，但之前他已經警告過我。他說，到了要服藥的時刻，他可能會想再「胡說八道一下」。「我知道我非走不可。」他說：「我知道我要走了。我準備好了，只是不想很趕。」

他沒有趕。喝下止吐藥之後，他舒服地坐在沙發上。我坐在他旁邊握著他的手，但後來不得不放手，因為他邊說故事邊比畫。那些故事都離不開耶魯的橄欖球隊和他的教練卡門．寇薩。那些事我早就聽得滾瓜爛熟：年輕不懂事時，布萊恩跟一個朋友進了監獄，因為在船錨酒吧前面跟人打架，嚴厲而寬容的卡門．寇薩把他們保釋出來；布萊恩說要放棄橄欖球，因為第一季他很少上場，卡門告訴他，等到他夠好，他就會讓他上場，但在那之前不可能，於是布萊恩下定決心要變好；還有一次，布萊恩的爸爸和卡門．寇薩一起打手球——他的兩個父親。

我沒辦法露出感興趣的模樣，因為我沒興趣（布萊恩隻字未提他的生活、我們的生活、我們的愛、孩子和孫女們，也沒提他設計且深深關切的美麗公共住宅，或是他為自然保育和開放空間〔譯註：指供大眾通行或休閒的公共空間〕所做的努力，甚至是可想而知的——釣魚），但我很努力不要露出痛苦的表情，即使心裡確實很痛苦。

兩位小姐在後面的房間等候（我猜是廚房），過了大概四十五分鐘才又出現。她們說止吐藥的藥效已經退了，如果布萊恩想要繼續（他說想），他就得再吃一次止吐藥。她們說：「你可以慢慢來。」我翻了翻白眼，因為他當然會慢慢來，他一向如此，彷彿我們在別的房間、別的場合。接著我想起自己在哪裡，不禁為自己感到羞恥。布萊恩淡淡一笑。「妳幾點的飛機？」他問。有生以來，我第一次那麼討厭自己。

他又吃了一次止吐藥，兩位小姐在他脖子上放了搭飛機用的睡枕。布萊恩安靜下來，我多麼希望他繼續說那些橄欖球的往事。我握住他的雙手，他沒有抗拒。「我愛你我愛你我愛你。」我說：「我好愛你。」「我也愛妳。」他說，然後喝下戊巴比妥鈉。我在他英俊而疲憊的臉上親了又親，他沒有抗拒。

我完全無法回想接下來二十分鐘發生的事。我看著他，雙手摸著他，彷彿擔心自己會忘記在他身旁呼吸或感覺他的存在是什麼樣子（我沒有忘記，一分一秒都沒有，睡覺時我會聽見他的呼吸，醒來時會感覺到他的體溫）。他抓著我的手睡著了，頭微微往後仰，靠在頸枕上（現在我明白枕頭的功能了）。他的呼吸變了，這是我最後一次聽到他睡著發出低沉而平穩的呼吸聲，就像他將近十五年來躺在我身旁睡著時一樣。我握著他的手，仍舊感覺得到手的重量和溫度。他的皮膚顏色變了，從紅潤變成淡粉紅色。我坐在那裡良久良久，彷彿有其他事會發生。看見他臉色發白，我知道他已經離開了這世界。

我握著他的手在原地坐了很久，然後站起來抱住他，親吻他的額頭，彷彿他是我的小寶寶，終於沉沉睡去；又彷彿他是我勇敢的孩子，踏上了漫長的旅程，往無垠的遠方邁去。

神殿看門人

到了某個時刻，兩位小姐從廚房走出來坐在一旁，安安靜靜且準備就緒，有如神殿看門人。即使之前努力想像過，我還是不知道該拿布萊恩的東西怎麼辦，包括他的外套、圍巾、手提箱和裡面的衣服，還有他的藥。兩位小姐表示可以幫我們處理，他的衣服之後會送給需要的人。

之後就沒什麼事了。她們希望我在瑞士警察抵達前離開，說這樣事情會比較簡單。雖然感覺不像我們做了犯法的事，但可以理解瑞士警察來確認布萊恩的遺體時（現在我知道他的護照和牙科病歷的作用了），我不在現場比較好（對我比較好？還是「尊嚴」？）。我叫了Uber，跟她們擁抱道別後，便前往機場。

在蘇黎世機場，我坐在豪華的候機室裡東張西望，觀察周圍的人。回程在瑞航的貴賓室裡候機很舒服。我右手食指戴著布萊恩的婚戒，對我來說太大了。有一次，我跟朋友說話時把手一揮，戒指就這麼飛出去，差點打到一位先生的臉。最後戒指滾到一張椅子底下，我彎身把它撿起，並在那張椅子上坐下來望著窗外，避看男人的臉。自從布萊恩走了之後，大多數人都令我反感，尤其是男人。不只是不吸引人，而是反感，就像昨天的燕麥粥或是碗裡的鰻魚。我覺得異性戀夫妻令人不悅。在候機室裡，我覺得自己就像外星人一樣在觀察雙雙對對的地球人：那有什麼意義？那樣的生物怎麼會是另一個生物的選擇？一個人要怎麼從這些毫無規則的動作中理解他們的選擇？

身旁沒有女伴的男人更令我不悅。我對面坐著一個高高瘦瘦、皮膚黝黑的男人，嘴巴開開嚼著起司和餅乾，一看就知道他吃的是切達起司和黑麥餅乾。跟我隔著兩個位子的老白男，正津津有味扒著一碗義大利麵疙瘩，紅醬弄得領帶和整張臉都是。我看見另一邊跟我隔著幾張扶手椅的男人，很壯很黑。因為布萊恩，我現在都把男人分成打橄欖球和不打橄欖球兩種。這個男人身材魁梧，而且非常高。布萊恩要是看到，大概會形容他是一台會跑步的冰箱。他笑容迷人，我腦中立刻浮現自己跟他放縱一夜之後，從他身體底下鑽出來打電話叫救護車的畫面。多數男人都令我作嘔，甚至一丁點受吸引的感覺，都會讓我直接想像他們死去，躺在我旁邊，身體逐漸變涼。

我已經把韋恩的聲音內化，彷彿聽到他說：「妳都還沒消化布萊恩不在身邊的事實，更何況是他的死亡。」

我告訴韋恩，此刻我腦中想像著在一家高檔餐廳裡，一個有趣、迷人、對我有意思的男人坐在我對面，但在現實生活中，我卻感到反胃想吐，趕緊從椅子上站起來跑去女廁。

走回來時，內化的韋恩在等我。只見他搖著頭。

「妳可以停止努力了。」他說。

我差點就這麼做。我打了所有該打的電話：我的兒女、布萊恩的母親和兩個妹妹。我發了簡訊給布萊恩的一個弟弟。另一個弟弟不太用電腦，也不傳簡訊。我請我聯絡到的那個弟弟通知另一個弟弟，跟他說布萊恩已經平靜且沒有痛苦地死去，而我正在回家的途中。我跟每個人說了同樣的話。布萊恩的妹妹和妹夫（我不記得有哪些人坐在那裡陪我婆婆一起禱告和等候，只知道有這麼一群人，並希望他們對彼此是一大慰藉）都在伊芳的公寓裡。當我不斷傳簡訊、撥電話和滑手機時，心裡想的多半是她；一路走來，她都是我們堅強的靠山——出乎意料之外。我撫玩著布萊恩的戒指，直到登機廣播傳來。

二〇二〇年一月三十日星期四晚上，離開蘇黎世

　　我女兒莎拉在紐華克機場等我，我兒子艾力克斯沿途傳簡訊給我，另一個女兒凱特琳在我石溪村的家裡等候我和莎拉到家。她們扶我走上三樓的房間，因為我的動作像個眼睛看不見又喝醉酒的陌生人。樓下每盞燈都按照我的喜好全部打開，這是我的壞習慣。走到臥房時，凱特琳打開天花板的燈。突然間啪的一聲，伴隨一陣嘶嘶聲，燈沒亮。我們去開其他開關，也嘗試打開床頭燈，結果浴室和衣櫥裡的燈都亮了，臥房的燈就是不亮。隔天，紳士水電工喬過來換了所有燈泡，也到地下室查看斷路器，回到房間燈還是不亮。他嘆了口氣，突然間燈就亮了。他跟我一樣想不通是怎麼回事。「是布萊恩在鬧著玩。」我們說。之後幾天，家裡的電器紛紛壞掉，不是得修就是得

換。我本來以為（或希望）自己會傷心欲絕地癱在床上兩個禮拜，只有喝茶時才會鑽出被窩。韋恩問我：「妳有沒有在最絕望的時候臥床不起的經驗？」我說這**就是**我最絕望的時刻，答案是沒有，但我一直想要這麼做。

我沒有病懨懨地臥床不起。隔天我就起來煮咖啡，很欣慰能回到自己的家。我把布萊恩的袖扣和手錶留給兒女，還有布萊恩給他們的信，以及他放在小盒子裡寫給孫女的信。我跟女兒把布萊恩多數的衣物捐了出去，因為他的衣服對家裡所有人來說都太大。其他捨不得送人的東西就都留著，包括他耶魯的高爾夫球夾克（挺可怕的），還有他的內衣（孫女們都當睡衣穿）。我把所有的慰問卡放在一個大碗裡，把我的感謝卡放在另一個碗裡，然後把兩個碗一起放進他那一側的衣櫥後方。我打發凱特琳和莎拉回家。

我吃得不正常，但是並不差。我想過要把自己灌醉，結果沒有。我早上五點起床，觀看日出已經成為我現在的習慣，六點十五分一到，就表示我可以名正言順地起床煮咖啡。我看電視，之後會把《荒唐分局》全部看完。我坐在辦公室裡，望著淡藍色的天空和冷冽的湖水。我整天聽音樂，除了比爾．艾文斯和比莉．哈樂黛之外，什麼都聽，因為怕會承受不了。我著手規畫追思會。布萊恩原本在讀福克納的《我彌留之際》（*As I Lay Dying*），還花了好幾個禮拜記下所有角色的名字，以免搞混（我認為就算你沒有阿茲海默症，在看福克納的小說時，這麼做也很有用），但去蘇黎世之前，他終於放棄。他最喜歡跟知道我們計畫的朋友說「最近我在看《我彌留之際》」，好看他們瞠目結舌的模樣。

十二月的時候，連續幾個早上，我們邊吃早餐邊討論他的追思會。他說辦在圖書館可以，我知道那表示不夠好，但我沒有再想更好的方案。他說：「我可以來錄幾句話，甚至幾首詩。我可以念辛波絲卡的詩，到時候妳再用喇叭放出來，那不就嚇到他們了嗎？」我跟他說這是一種虐待狂的舉動，他慈眉善目地聳聳肩。那就這樣吧。

除了小氣和膽小，他的其他缺點，你怎麼批評也不會傷到他的心。追思會的其他細節我們倒是意見一致。音樂當然是比爾．艾文斯；詩則是辛波絲卡的〈從容的快板〉

（Allegro Ma Non Troppo）。想當初，布萊恩在一家小書店裡，把頭上的黑色紳士帽壓低，對著她的一本厚重詩集落淚的畫面，就是把我們的生活、愛情和婚姻搞得天翻地覆的導火線之一。而現在我能寫下的每個句子，似乎都只能以「而如今他已死去」結尾。

二〇二〇年二月八日星期六，石溪村

我花了些時間考慮追思會要穿什麼衣服。最後的打扮很像八十歲的蘇菲亞・羅蘭會做的選擇：黑色連身褲，外面披件黑色薄外套，搭配金色扣環的皮帶、黑色高跟鞋、別致的髮髻，還有早上九點戴出來會很引人側目的太陽眼鏡。整體來說還不賴，雖然跟我當初想的不太一樣。

一大早我開車去朋友家，他也是我的美髮師，幫我弄頭髮。我可以坐在那裡，被呵護、打理、梳頭髮和噴髮膠好幾個小時，哪裡都不想去。我有些最要好的朋友今天會現身，有些不會。我發現自己對那些沒有要出席的人毫不介意。他們一直以來都愛護並支持我，對布萊恩也一樣，就算沒有，現在也無所謂了。

追思會就在我家對街的圖書館舉辦。我很喜歡這間圖書館，裡頭的圖書館員就是圖書館員該有的樣子：愛書，服務親切，但堅守原則。籌備這場追思會並不簡單，儘管我知道我們想辦在圖書館，也確定時間，但我無法想像要如何對我們的圖書館員愛麗絲說：「布萊恩打算在一月三十日結束生命。我們知道圖書館也開放讓人辦美術展和上瑜伽課，我們可以預約二月八日這天來這裡辦追思會嗎？」我不記得最後是怎麼訂好的，總之是訂好了。可能是我的助理、也是我們的朋友珍妮佛搞定的，就像搞定紀念卡一樣。我們沒有要辦彌撒，也不是天主教徒，沒有所屬教區，但無論如何紀念卡都大受好評。卡片的一面印著布萊恩的照片，戴著太陽眼鏡，時髦又充滿夏天氣息；另一面是一隻展翅高飛的鷹和幾句魯米的詩句（**肉體是什麼**？**堅韌**。**愛是什麼**？**感激**。**我們胸中埋藏了什麼**？**歡笑**。**還有呢**？**慈悲**）。每個人都拿了一、兩張卡片帶走，我對紀念卡從此改觀。

我跟好友貝絲負責準備食物，因為我無法想像沒有食物的追思會（我是那種無法想像聚會上沒有食物的猶太人，所以去參加只有幾口白酒和麗滋餅乾可吃的白人菁英聚會，當然會覺得失望，但也有一點佩服）。我寧可在圖書館餵飽大家，也不希望他們來家裡。我知道有些人無論如何都會到家裡坐坐，但如果圖書館就有美味佳餚，跟布萊恩不熟的人可能就不會過街到我們家拜訪，而會直接在圖書館把肚子填飽。

我在追思會開始之前走去圖書館，那裡雖然安靜卻一片混亂。傑克搞不定音響系統，沒法播比爾．艾文斯的唱片。牧師要用的麥克風有問題。貝絲跟我說杯子不夠。我不記得這些事是怎麼解決的。我走回家塗了更多口紅，然後帶著孫女伊莎朵拉一起走回會場（最後雙胞胎也坐到我腿上，三個人擠來擠去，為了心愛的爺爺而哇哇大哭，分散了我的注意力。所以要是聽到有人說我在追思會上哭了，我會很驚訝）。

我的女兒凱特琳站在圖書館門口，負責指引賓客入場。她長得跟我夠像，許多人（我們的牙醫、以前的鄰居、我大學時代的男朋友）看到她就知道自己找對了地方。之後一小時，人們紛紛走上前捧著她的臉，看著我的翻版，然後左轉，彷彿她是個活招牌，不然就是請她幫忙找位置、放外套。不到二十分鐘，凱特琳就必須離開大廳，因為裡頭已經沒有位置，滿滿的人群在二月這個晴朗的星期六，聚集在圖書館外面的草皮和館內的走廊上，擠在廚房和廁所中間。我甚至看不到站在走廊上或外面的人。

我在座位上看到的第一個人是我的編輯凱特。她優雅沉著地坐在椅子上，抓著外套，腿上放著一份稿子和一枝鉛筆，邊等候邊改稿，我覺得很可愛且令人安心。我想起去參加她丈夫佛德的喪禮，還有之後難熬的一年；我確實懷疑過當時她是怎麼熬過來的。看見她坐在摺疊椅上，恭恭敬敬地為前排的預定座位騰出空間，我羞愧地想起，當時我很懷疑有沒有問候她超過兩次。我知道我有，而且還說了些一般人會說的蠢話，所以我決定今天無論誰說什麼都不要在意。

（我確實聽到一些啼笑皆非的話，讓人精神一振，即便是在聽到的當下。許多人提醒我，布萊恩太年輕，一切太出人意料，他們從不知道布萊恩有阿茲海默症，他肯定還有幾年的好日子可過，還有我一定心都碎了。另外有個人告訴我，有些日子我會覺得還不錯，有些日子我會很想死。「真正的死去。」她說。）

我回想我父母當年的追思會，不過他們過世時年紀已經很大，比大多數朋友活得更久，而且住在安養院。他們住的公寓足以接待前來悼念的所有親友。我知道這次情況不一樣，但也沒想到會有這麼多人為了布萊恩前來。我姊姊和姊夫很早就到了，姊姊因為擔心我，看上去既脆弱又凶悍。我期待見到和從未期待見到的人填滿了座位，包括他的讀書會成員、彩繪玻璃老師、計畫生育聯盟的一群志工——每個週六早上，他都會護送女性下車走進診所，永遠和善而自制，即使巴不得賞那些大吼大叫的抗議人士一拳（「完美結合了我的各種興趣。」他說）。

之後走進來十個體格壯碩的白人男性，身穿深藍色西裝外套搭配耶魯大學的領帶，領帶上印著鬥牛犬（譯註：耶魯大學的吉祥物）、校徽或是Y。「讓路給小蝦米過。」其中一個人說。他跟布萊恩一般身材，從比他高大的其他男人中間推擠而過。他握住我的雙手，跟我說他們都很愛布萊恩。有個人說他從亞利桑那州飛來，結束之後就要直接飛回去。每個人都來拍拍我或握我的手，然後肩並肩排成一列站在後面，雙腿分開，宛如他的護衛隊。這群人無論闖什麼禍，我都會原諒。

布萊恩的一些家人晚一點才到，為了座位的事弄得有點尷尬，但最後大家都順利入座，牧師也出馬凝聚眾心。我沒有固定往來的牧師，但這位牧師是我們的朋友，二

○○七年曾為我跟布萊恩證婚。她是布萊恩信仰一神普救教時期的牧師，多年前聽到我跟布萊恩對彼此是認真的時候，曾經很夠朋友地跟我說，她認為布萊恩有酗酒問題，有些方面也不知節制。我不介意她告訴我這些，她也不介意一年後替我們證婚，所以這份友誼一直延續至今。她說了一段溫暖、深情又仁慈的悼辭，也優雅得體地介紹其他致詞人。她說話時我不斷想著：「親愛的，你會喜歡這個的。」

從容的快板（譯註：陳黎、張芬齡譯本）

生活啊，你很美麗
你如此多產豐饒，
比青蛙還青蛙，比夜鶯還夜鶯，
比蟻丘還蟻丘，比新芽還新芽。

我試圖博取生活的青睞，
贏得它的寵愛，
迎合它的奇想。
我總是率先向它哈腰鞠躬，

我總是出現在它看得見我的地方，
帶著謙卑、虔敬的表情，
乘著狂喜的羽翼翱翔，
臣服於驚異的浪花。

啊，這蚱蜢像草一般翠綠，
這漿果成熟得快要爆開。
我如果沒有被生出，

就不可能對之有所感受！

生活啊，我不知道可將你比作什麼。
無人能夠製造松果
而後又造出其複製品。

我讚美你的創造力，
寬宏的氣度，廣闊，精確，
秩序感——那些近乎
魔法與巫術的天賦。

我只是不想讓你煩亂，
嘲笑或生氣，惱怒或焦躁。

數千年來，我始終試圖
用我的微笑安撫你。

我緊拉著生活的葉緣：
它願否爲我停下來，僅此一次，
暫時忘卻
它不斷奔跑的終點站。

有三個布萊恩最好的朋友上台致詞，最觸動我的是約翰．保羅。兩人的友誼從七〇年代展開，跨越了各種差異，因為對彼此和對釣魚的熱中而緊緊相繫。約翰．保羅巨細靡遺描述了兩人之間的開心辯論和政治話題，也巨細靡遺說了兩人去釣魚的事。即使有部分的我不禁想：「也講太多釣魚的事了吧。」另一部分的我倒是覺得，我的丈夫跟他又長又無聊的釣魚故事被他說得活靈活現，對此我感激不已。他的朋友馬克提起他們在紐哈芬的冒險和吃過的大餐。他說他問過布萊恩人生有沒有遺憾，布萊恩終於想到一個：他把所有黑膠唱片都送人了。馬克說他很驚訝布萊恩只有一個遺憾，而且還是那種事。我心想：「那就是阿茲海默症的作用。」但接著又想：「或許也不是。」我丈夫本來就不是會心懷遺憾的人，那樣不是很好嗎？

他的好友提姆談到布萊恩最討人喜歡的大哥哥性格，布萊恩甚至去看過他訓練高中袋棍球隊。追思會場瀰漫一股強烈而深刻的愛，我婆婆本來不打算致詞，後來也上台自我介紹，說她今天得知布萊恩的好多事，還有他成年之後在康乃狄克州的生活。我想她的體會應該悲喜參半。

布萊恩的家人還會在費城郊區幫他辦第二場追思會，那是他們家多數人稱之為家的地方。小姑打電話跟我說，追思會將在一神普救教的教會舉辦。我很確定阿梅奇家的人都沒去過這個教會做禮拜，除了布萊恩，而他自己二十年前就不去了。我把這個決定視為對布萊恩和過去他對這個教會的支持所表達的敬意，但我不認為這表示他們接受他對天主教的強烈反感，無論如何，我都不在意。我對宗教其實不像小姑以為的那麼熱中，而且這通電話很短，也有點尷尬。之後，我跟另一個小姑也通了電話，她跟我解釋，他們親愛的鮑伯神父雖然相當樂意為赫赫有名的阿梅奇家族服務（七〇年代阿梅奇家曾去會見教宗，女眷披著比裙子還長的蕾絲頭紗，留下壯觀的團體照），但天主教會高層不允許在教會中舉辦布萊恩的追思會。我想可能是因為布萊恩選擇自我了斷，但我相信教會就算無法原諒自殺行為，應該也不會再怪罪死者或他們的家人，所以在教會辦儀式也不見得會受到阻礙。我懷疑會不會是因為我，婆婆輕聲一笑，有點難為情地說，鮑伯神父本人並不反對，但上級擔心其他人（教會內的**其他**極端分子）可能會發現布萊恩對計畫生育的大力支持，因而做出不當的舉動。所以最後決定在一神普救教的教會舉辦追思會，那並非布萊恩原本的期望（包括耶大體育場、耶大史特靈圖書館、我們家附近的電車步道），但也絕非他會反對的選項。

在賓州的追思會上，幾乎所有致詞都圍繞著布萊恩的童年和青少年打轉。那就像布萊恩有次回費城途中所說的：「有很多很多的愛，但我早已離開。」

那群人對布萊恩成年後的生活一無所知，但是當婆婆的朋友過來抱抱我、親親我，跟我說布萊恩真是個英俊又貼心的年輕人，我仍聽得陶陶然。追思會結束後，一群六十幾歲的男性湧入鄉村俱樂部，好多人走過來跟我稱讚布萊恩的善良、球技和聰明才智，即使當時他才十八歲。我聽了很開心，想必他聽到也會很開心。「沒人會比他把你揍得更慘，也沒人會比他更快伸手把你扶起來。」有個人這麼說，我聽完之後給了他一個擁抱。我替布萊恩挑了一個骨灰罈（跳過代表耶魯的Y、蒼鷺捉魚、鷹這些圖案），也幫婆婆準備了一個。在我們每週一次的通話中，她告訴我她沒料想到自己會喜歡，但她確實喜歡（我跟布萊恩不是病態夫妻，但我身邊保有父母和親愛的布魯姆爺爺的骨灰罈——我在爸爸的舊檔案櫃裡的咖啡罐裡找到的——就放在我們家客廳裡。我很高興它們都在我身邊，偶爾舉辦大型家族聚會時，孩子們會把我母親的骨灰罈移到飯廳，跟大家同樂）。十二月時，我會把布萊恩那個鈷藍色的漂亮骨灰罈藏在衣櫃裡很長一段時間，直到我找到一棵喜歡的椴樹，可以把樹種在我們家附近的小山丘上，然後在樹根挖個洞把骨灰罈埋進去。整個春天，我都在研究椴樹的照片（在神話中，常用來象徵恩典和保護），之後我會在院子裡種下一棵樹，在旁邊的大石頭釘上一片銅牌，來紀念布萊恩。

石溪村的追思會告一段落，當所有賓客和阿梅奇家的人都離去之後，夜幕已經低垂。所有人都換下了喪服。我是指我、我的小孩和他們的家人，還有我的朋友鮑伯和傑克。我不想念誰，也不遺憾誰沒來，除了布萊恩。

二〇〇七年九月十五日星期六，康乃狄克州德罕鎮

我們的大喜之日。我母親沒有在場見證，那是我唯一的遺憾。她最後一次入院時，布萊恩放我在醫院下車，他去停車。我媽揮手把我叫進病房，靠過來親我。「布萊恩會上來嗎？」她問。聽到我說會，她幾乎把我從床上推開，開始堅定而快活地指揮我怎麼幫她最好：「麻煩幫我拿薄外套、梳子、腮紅，還有口紅。髮膠快拿來。」等到布萊恩走到門口，她已經化身為電影明星葛麗．嘉遜（Greer Garson），還打發我去幫他們兩個泡茶。她會在我們大喜之日的早餐桌上說：「啊，這可不是美極了嗎？不覺得妳魅力四射嗎？不覺得他帥氣十足嗎？」她會很滿意我的頭髮跟第一次結婚那樣，梳得跟貓王前妻在五〇年代愛梳的高髮髻一樣，高得嚇人。聽到我的小孩和新郎

忍住驚訝，委婉地說「哇，我從沒看過妳……這樣」，我也莫可奈何，只能謝謝美髮師，然後狠狠把頭髮梳下來再插幾根髮夾進去，就跟上次一樣。

該來的人都來了。我的父親虛弱而慈祥，我們所有人都還不習慣這樣的他。姊姊一家提早抵達，在父親周圍攙扶他。我的大女兒和她的未婚夫（之後成為丈夫），也就是我親愛的科瑞，會在婚禮前十分鐘從洛杉磯趕到（當時伊登和艾薇連個影都沒有）。我的兒子艾力克斯和兒媳上禮拜才結婚（伊莎朵拉還沒蹦出來）。還有我的小女兒跟她的女朋友（但不是我後來的寶貝媳婦茉莉，佐拉甚至還沒成為一種可能）。我當時仍處在短暫電視生涯的中段，我的經紀人、節目上的明星和我的製作人都來了。我的製作人（布萊恩生前或死後的分分秒秒，她永遠在我需要的時候伸出援手）為我們訂了一個非常特別的結婚蛋糕，只見糖做成的藍綠色和銀色的半透明泡泡，像瀑布般落下銀藍兩色的蛋糕，流到底層的大玻璃盤中，有如銀河。布萊恩對菜單的各方面都表示贊賞，還跟主廚私下開心討論了兩個鐘頭。婚禮前一天，兩個大男人來找我，笑咪咪地說：「我們加了一個切肉台。」他們當然不是隨便說說而已，而是真的這麼做了。我把我所有的大圍巾、披巾和羊絨披肩都找出來，因為天氣比我預期的更冷一些，然後在前後草皮都放了裝滿圍巾和披肩的籃子。我媽想必會很滿意，因為準備圍巾、披肩免得賓客冷到，這不叫花心思，什麼才叫花心思。

我們每個人生片段的朋友都來了。有些不認同我們不光彩的開始，但後來改變想法的鄰居（我們當時各自有伴侶；沒管好自己，愛上對方，拋下另一半；後來非但沒有遠走高飛，還那麼高調，像鐳一樣發光放閃）。我所有的精神科醫生朋友。阿梅奇家族的許多人（他們對於跟一神普救教牧師站在猶太婚禮天篷底下有點遲疑，但還是很樂意出席）。布萊恩高中和大學時代的朋友。我的朋友凱伊（就是陪我從蘇黎世飛回紐華克的朋友）和她的女兒（她還沒出生，我就認識她了）。我最喜歡的夫妻檔之一，後來布萊恩還沒走，兩人就離婚了；仍和我們保持聯絡的那一個，之後會寫一封美得無與倫比的情書，對布萊恩表達純純的柏拉圖之愛。我兩個女兒的小兒科醫師。跟布萊恩一起釣魚、從事保育活動和討論地方政治的朋友。我們找的母女檔旅行社職員，後來跟我們成了朋友，但我從沒跟她們說我們為什麼不再旅行。藍燈書屋的可愛諸君，後來成為布萊恩的超級粉絲（某次社內聚餐，大家對一本新書表達熱烈支持時，我說：「我知道你們考慮讓我去巡迴打書的時候，其實心裡希望去的人是布萊恩。」結果沒人否認）。我最優秀的朋友和最善良的朋友。喜歡我跟布萊恩的朋友，還有對我們半信半疑、甚至不怎麼看好的朋友。我從過去到現在都深愛的朋友；有些之後我就很少見到，因為時光飛逝。

牧師的致詞溫暖又有智慧。我很開心，但沒怎麼認真聽。

布萊恩握著我的雙手，除了他的臉，我什麼都看不見。他說：「我準備了一些……」然後他緊緊按住我的手，便哭了出來。

「我好愛妳。」他說：「我只能這麼說。我真的好愛好愛妳，活著的每一天我都會愛著妳。」

然後，他輕聲說：「該妳了。」

我說：「照理說，中年女性應該找個安全的依靠，一個躲避人生風雨的港灣，追求平靜舒適的生活才對。對我來說，你就是港口。你就是風雨。你也是大海。你是岩石，是沙灘，是海浪。是日出，是日落，是在那之間的所有光芒。」

我還有更多要說卻說不出口的話。我們手拉手，緊緊相依，互相支撐。

我悄聲對他說：「活著的每一天。」他也悄聲對我說：「活著的每一天。」

致謝

這一切的起點是布萊恩・阿梅奇。他熱愛生命和他幸運的妻子，也就是我，而且一如往常，面對死亡之前的艱難決定和殘酷難題，他也一無所懼。

在寫作領域上，我很幸運有凱特・麥迪納（Kate Medina）的陪伴。她不但是不折不扣的編輯表率，也是我個人的守護天使，從各方面幫助我完成這本我人生中最具挑戰性的著作。而能有克勞蒂亞・巴拉德（Claudia Ballard）這樣優雅、體貼、給人鼓舞又不屈不撓的經紀人，同樣是我的福氣。

無論在實際、專業或個人的層面，跟本書有關的研究和協助能獲得約翰・羅根－朗恩（Jon Logan-Rung）和奧莉維亞・懷恩珊克（Olivia Weinshank）的智慧、洞見和支持，都是我三生有幸。

感謝丹尼爾・卡斯柏（Daniel Casper）、瑪麗・珍・明金（Mary Jane Minkin）和戴博拉・努德爾（Debra Nudel）三位醫生對我的善意和支持。

現實常讓我無法招架，我的心理治療師韋恩・唐尼（T. Wayne Downey）不只是我在洶湧海面上的靠山，還幫助我前進，找到某種程度的堅實陸地。同樣地，心思敏銳且深富洞察的蘇西・張（Susie Chang）為我解讀塔羅牌，提供合乎情理、有時很深刻獨到的詮釋和觀察。

我的三位讀者鮑伯・布列索（Bob Bledsoe）、凱特・渥伯特（Kate Walbert）和已故的理查・麥坎（Richard McCann），本身也是傑出的作家。他們以自身作品中最為人稱道的靈巧筆觸和卓越才華，為我提供了實用而寶貴的建議。

因為我的兒女和他們的家人，我跟布萊恩才可能度過這段難熬的日子，在生活中找到美和安適，也在他過世後找到平靜。我親愛的姊姊艾倫（Ellen）甚至比我在書中描述的更好，給我更多的支持。

一如既往，我的助理和好友珍妮佛（Jennifer）之於所有助理，就像太陽之於星星一般不可或缺。

推薦文／劉秀枝

在愛之中道別：最有深度的愛情故事

好友戚謹文教授於二〇二二年七月十五日送我這本當年出版的英文版《In Love: a Memoir of Love and Loss》，厚達二百二十四頁，並在書中貼上一張小紙條：「這本書是我讀過最有深度的愛情故事！好書和好友分享，您看完後請分享給有緣人。」我讀完之後，非常震撼，寫了一篇文章發表在我二〇二三年一月七日的ＦＢ粉專，並且立刻把書轉送給失智症專家王培寧醫師。

很高興「大塊文化出版公司」於二〇二四年發行中譯本《在愛之中告別：一段愛與失去的旅程》，分享給更多的有緣人，並希望把我初次閱讀的心得當作本書的推薦文，正如我所願，我非常樂意推薦。

本書作者艾美．布魯姆（Amy Bloom）是美國知名作家，也是心理治療師，之前的婚姻有三個孩子與四個孫女。她與布萊恩（Brian Ameche）於二〇〇七年結婚，住在美國康州，感情很好。

故事從二〇二〇年一月二十六日、當他們飛往瑞士時開始，以倒敘的方式記述，六十七歲的布萊恩（一九五三年出生）在被診斷出輕度阿茲海默症（Alzheimer's disease）後約一年，於瑞士蘇黎世的「尊嚴」（Dignitas）機構，選擇在自己還能做決定時，結束自己的生命，因為他「寧可站著死，也不要跪著活」（I would rather die on my feet than live on my knees）。

其實，布萊恩在被診斷出阿茲海默症之前的三年就陸續出現症狀，倒如忘掉他參加的讀書俱樂部的日期與朋友的名字，與朋友相約吃飯卻提早一個月赴約，逐漸無法做好工作，而不被「續約」（其實是解雇），答應要做的家事卻忘記做等等，種種異常的行為惹惱了艾美，以致她說「我真想殺了他」（I want to kill my husband），其實是愛之深。

在症狀出現後一年半，布萊恩六十六歲時終於看了神經內科醫師，被確診為初期的阿茲海默症，但之後症狀持續惡化，甚至不記得孫女的名字。

基於尊重布萊恩的「死的權利」（the right to die），艾美開始替他尋求死法，有朋友甚至願意提供車庫讓他以一氧化碳中毒，或乾脆槍殺他，但這種種方式都會被判謀殺罪，而不可行。

以布萊恩的情況，在美國也沒有合法的死法，於是經由朋友幫忙，艾美找到了位於瑞士蘇黎世的「尊嚴」機構，而且符合條件。

符合「陪伴自殺」（accompanied suicide）的基本條件包括：心智健全（sound mind）且要有醫師記錄，至少要一萬美金費用，且能飛到蘇黎世等。到了蘇黎世，還需經過「尊嚴」機構內的醫師的兩次評估，確定患者的心意已決，而且患者隨時可以改變心意叫停。最後藥物是要患者自行喝下，醫護人員不會在旁邊。

謹文說：「我當時看到這本書的時候，心中想的是人生最難的就是跟親愛的說永別，作者心中充滿了愛和不捨，所以這一段告別歷程中的一頓飯，在蘇黎世牽著手散步，生活中看似平淡無奇的互動卻成了永恆的思念。」

雖然是愛的故事，讀起來卻很哀傷，難免會想：為什麼才罹患輕中度的阿茲海默症就要結束自己的生命，是否太早了？但等到症狀嚴重時，也許就無法自主或無能力做決定？然而，一定要提早結束自己的生命嗎？不能表明意願，到嚴重程度時只接受緩和醫療就好嗎？

這種醫學倫理議題，沒有對錯，只有基於對人的尊重以及不傷害他人為原則。因此，作者在一開始即引用布萊恩的話：請把我的故事寫出來。

（本文作者爲國內失智症領航人／台北榮總特約醫師）

推薦文／陳乃菁

不忌諱談死亡與失智，才能幫助我們在愛中告別

身為老人醫學科醫師，失智症是生活日常，並不讓我害怕，反倒是怕在診間聽到長輩這樣說自己：「活這麼老，怎麼不死一死。活著真沒意思。」他們的表情灰心喪氣，可等我回顧一下他的病史，往往沒發現什麼大問題，沒罹患影響心智能力的疾病，甚至連衰弱跡象也沒有。

年長者喊著想去死，但這種話晚輩可不敢接，更不敢主動問，於是我的診間常出現另一種與死有關的狀況，例如家屬會焦慮地問：「陳醫師，媽媽反覆住院，肺積水，營養不良，體重只有三十二公斤，我要怎麼幫媽媽增強免疫力啊？」

我翻看病歷後說：「你媽媽已經九十二歲，身體又已經走到這樣的狀況，你們有

想過依照媽媽的意願來處理嗎？她是希望順其自然，還是急救到最後呢？」

家屬一臉茫然，「我不知道她的意願是什麼，她沒有清楚交代過啊。」接著又囁嚅地說：「我想，應該是不希望過多的醫療介入……可是我不敢做決定，萬一我猜錯了或者家人反對呢？」

這些都是身處高齡醫療第一線的醫師每天要面對的狀況，而我也只能一遍遍感嘆，我們的文化談了好多愛、尊敬、責任等家人相處之道，就是不敢光明正大談死亡。但死亡是每個人自出生後就開始面對的事實，死神帶走的也不只是老年人，所以我總覺得：死亡不該是一種忌諱，家人間應該要能好好地談如何告別生命，讓這個難過的人生關卡轉化為成熟圓滿的最後成績單。

當然，談死亡不容易，特別當死亡牽涉到心智逐步退化且又無可逆轉的疾病時，病人與家屬心中巨大的恐懼定然存在，幸好世上還有書，特別是這本書的作者艾美・布魯姆（Amy Bloom）清楚地寫下，「人人都避談死亡，但有生就有死。」她用自身的故事，幫助我們透過閱讀，來理解站在死亡陰影下要如何思考和面對，這本書就是這樣一種珍貴的存在。

這本書一開頭就讓大家知道，這是個失智症患者邁向死亡的過程，可是繼續讀下去，就會發現這段旅程不只關於失智和死亡，更多的是相愛與相知。文字的巧妙安排讓閱讀變得輕鬆又溫暖，不像是閱讀一板一眼、艱澀難懂的衛教手冊，讀者理解的不只是如何安排以及進行安樂死，更多的是家人間如何互相照顧與支持。

失智症（阿茲海默症包含在內）的患者會在退化的過程中漸漸失去很多能力，但這過程不一定只有喪失，只要我們換個角度想，過程必有獲得，而這本書就是陪伴著罹病丈夫的妻子所書寫的過程，她把尊重病人的意願並且協助執行到最後的過程寫下來，她難免感覺孤單並反覆詰問自己，例如書中這樣寫：「有時我會憂心地想，一個更好的（肯定跟我截然不同的）妻子應該會一口拒絕，堅持不讓丈夫在身體衰頹之前離開人世。儘管我覺得支持布萊恩的決定是一件正確的事。但要是他可以自己安排所有的事，我只要當一隻順從的小鴨，跟在他後面，我心裡應該會比較好過，過程也比較輕鬆。當然了，要是他可以自己安排所有的事，那他就沒有阿茲海默症了。」我相信透過這個過程，作者更清楚地看懂生命中的輕重緩急。

失智症已是高齡化浪潮下的台灣要面對的重大挑戰。當然，現在台灣即使有呼聲，但確實還沒有合法安樂死的制度，所以我們必須更認真地提早討論「假如有一天面對死亡，你想怎麼做」這樣的重要議題。藉由討論，能理解家人間的想法，更能鼓勵我們在有生之年好好相伴、互相理解，日後所愛之人面對生死關卡時，盡可能協助他們依照自己的意願來處理。

作為醫師，我習慣性注意書中描述病情的段落，例如書中描述醫師詢問病人為什麼想結束生命，病人想了很久都難以回答，不是因為不會回答，而是因為他忘了「阿茲海默症」要怎麼說，他不時會用類似的字詞來代替，就是說不出正確的發音。可是到最後，在決定要接受安樂死時，病人已經忘記孫女的名字，把各種日期混淆，還會在超市裡迷路，卻還是可以正確說出自己的病名。

這樣的現象正是失智症患者常見的表現之一，所以希望大家在閱讀這本書來理解死亡時，也能多理解失智症。對我來說，失智症患者的表現各有不同，什麼會忘記、但什麼能記得，可說幾乎沒有準則可言。但每一名患者，不論程度如何，都依舊是活生生的生命，就和世上所有人一樣，他們會想被愛、被關心，想過開心的日子，想保持自己的尊嚴。

我想人生不論長短，都是觀察與學習的過程。經由這本書，我們看到作者與她的丈夫和家人、親友是如何應對失智與死亡，重點當然是夫妻之間如何互相尊重與陪伴、直到離世的過程。我希望大家可以從中思考，如果是自己該怎麼抉擇，更希望每一個人都能看見失智照護並非只有黑暗面。只要我們有勇氣面對，以智慧來思考，不吝於陪伴，那麼不論在哪個階段，我們都能找出克服困難的方法，也會讓我們更珍惜活著的時光，正如這本書最後提醒我們的：在活著的每一天緊緊相依，互相支持。

（本文作者為老年醫學專家／醫師）

國家圖書館出版品預行編目資料

在愛之中告別：一段愛與失去的旅程／艾美・布魯姆（Amy Bloom）著；謝佩妏譯. -- 初版. -- 臺北市：大塊文化出版股份有限公司, 2024.08
272面；14.8×20公分. --（mark ; 195）
譯自：In love: a memoir of love and loss.
ISBN 978-626-7483-41-1（平裝）

1. CST：布魯姆（Bloom, Amy）　2. CST：阿茲海默症
3. CST：安樂死　4.CST: 回憶錄　5. CST：美國

785.28　　113009789

LOCUS

LOCUS

LOCUS

LOCUS